日本一おいしい
病院レストランの

野菜たっぷり
長生きレシピ

山田康司

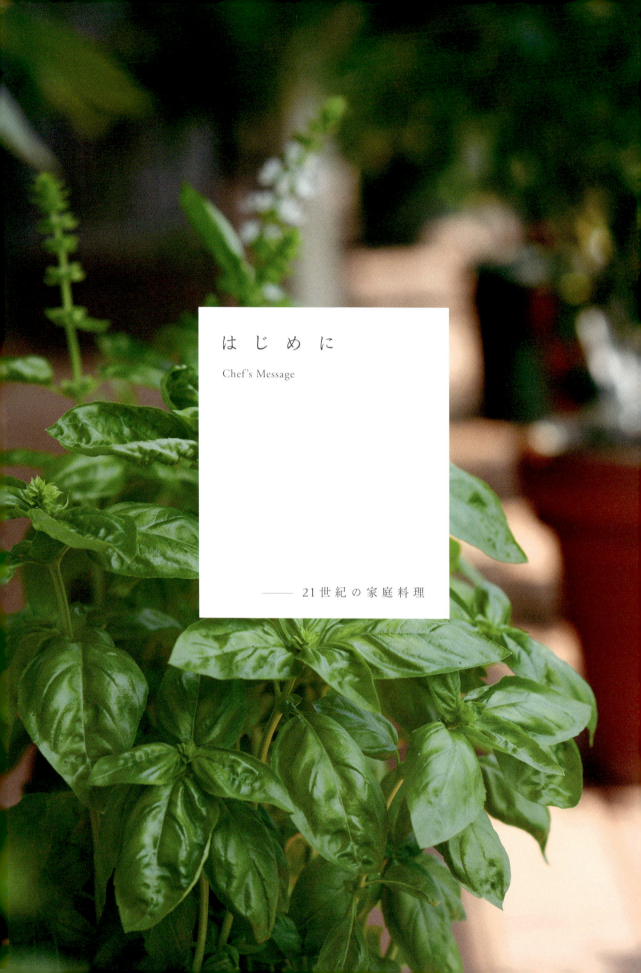

はじめに
Chef's Message

─── 21世紀の家庭料理

私達は現在いろいろな食材を比較的簡単に日常品として入手できる、とても恵まれた環境で暮らしています。その上便利に使える調理器具が、多くの家庭に使いこなせないくらいの質と量で備わっています。更に日本の伝統的な食材、調理法に加え、西洋・アジア諸国から来た新しい食も広く浸透して受け入れられている状況です。

　一方で食に起因する不健康が切実な問題として、すべての人にのしかかっています。食事の準備にかけられる時間的、肉体的、精神的な余裕も少なくなっています。

　これらプラスとマイナスの要因の上に立ち、食事のおいしさ、楽しさ、温かさを最大限に享受できるよう、今の日本だからこそ作ることができる家庭料理をここに集めました。

　食材の味を引き出すような料理を作ることが自分の使命だと思っています。その目的は健康食でも減塩でもありません。しかしながら食材を生かしその味を引き出すような調理をすることが、結果的に塩分の使用量を抑えていることは多くの人が実感するところです。いろいろな食材をおいしく食べようとすることは即ち健康食の実践です。おいしくて健康、二重に嬉しい本来あるべき食の手引きとして、多くの方に利用していただけたら幸いです。

　料理に対する考え方、その存在意義も含めてすべてのことは『クィーン・アリス』での修業、実践を通して石鍋裕シェフから、そして自分の両親から教わりました。今までお世話になった方々、支えてくださった方々に感謝しつつ、この本を出版させていただきます。

　　　　　　　　　　　　　　　　　　　　　　　山田康司

もくじ contents

ある日の食卓、1週間

月曜/朝　週初めの朝はもち麦で体スッキリ！
　　　　もち麦雑炊、いんげんのくるみ和え —— 6

火曜/夜　スパイシーメニューでスタミナ補給
　　　　スパイス香る麻婆豆腐、なすとトマトのマリネ —— 8

水曜/夜　定番のカレーも山田シェフレシピならスペシャルに！
　　　　丸子中央病院のスペシャルカレー、コールスロー —— 10

木曜/昼　炊飯器調理で作り置きできる"素"を活用
　　　　ちらし寿司、すくい豆腐と青菜のスープ —— 12

金曜/夜　友人を招いてごちそうディナー
　　　　ラザニア、シェリービネガードレッシング —— 14

土曜/昼　たっぷりの野菜が嬉しいお手軽ランチ
　　　　野菜たっぷり焼きそば、まぐろの湯引き、完熟トマト、アボカド、玉ねぎのサラダ —— 16

日曜/夜　くつろぎの簡単鍋で家族団らん
　　　　アーモンドミルク鍋、ピリ辛のタコのマリネ —— 18

Chapter 1
主菜

普段のおかず
　牛肉のソテーファン —— 22
　鶏むね肉のピカタ —— 24
　なすの肉みそあんかけ —— 25
　鶏手羽元トマトソース —— 26
　にじますのムニエル —— 27
　桜鯛と完熟トマト、新玉ねぎ、アスパラガスのポワレ —— 28

1品でごちそう
　お肉ゴロゴロ　赤ワインシチュー —— 30
　ブイヤベース —— 32
　そば粉のクレープ —— 34

オーブン料理
　かぶのベーコン巻き　チーズフォンデュ風 —— 37
　野菜のファルシ —— 38
　鶏のバロティーヌ —— 40
　じゃがいものグラタン　シャンバロン風 —— 42
　鶏もも肉の信州みそ照り焼き —— 43
　ほたて貝のオーブン焼き　2種 —— 44
　いわしのエスカルゴバター焼き —— 46
　スペイン風オムレツ —— 47

炊飯器で簡単
　豚バラ大根 —— 49
　キャベツケーキ　炊飯器で作るロールキャベツ —— 50

ご飯料理
　パエリア —— 52
　もち麦入り炊き込みご飯　2種 —— 54
　もち麦を使ったいか飯 —— 56

本書について

○本書での分量は1カップ＝200cc、大さじ＝15cc、小さじ＝5ccです。ひとつまみ（親指、人差し指、中指の三本指でつまんで）＝1gです。
○オーブンは電気オーブンを使用しています。電子レンジは500Wのものを使用しています。加熱の温度や時間は各メーカーの機種によって差があります。表記の時間を目安に様子を見ながら調整してください。

Chapter 2
副菜

サラダ&マリネ
　ギリシャ風 野菜のマリネ ―― 60
　鶏ささみのオリーブオイルマヨネーズ和え ―― 62
　おいしいかぼちゃのサラダ ―― 64
　エスカベッシュ ―― 65

メインにもなる実力派
　小松菜とあさりのオリーブオイル炒め ―― 66
　キャベツとしらすのキッシュ ―― 68
　ラタトゥイユ ―― 70

あと1品欲しいときに
　炊飯器で簡単！ 切り干し大根の煮物 ―― 72
　鯛の博多押し ―― 73
　長芋とえのきのとろろ ―― 73
　もずくとひき肉の卵焼き ―― 74
　キャロットラペ ―― 75
　さつまいものレモン煮 ―― 75

Chapter 3
スープ

あさりのチャウダー ―― 78
秋鮭と豚ひき肉のきのこワンタン ―― 80
鶏肉のフォー ―― 81

Chapter 4
デザート

さつまいものロールケーキ ―― 84
チョコレートブラウニー ―― 86
焼きりんご ―― 87
すいかパンチ ―― 88
ほうじ茶寒天 ―― 89
電子レンジで作るフルーツジャム ―― 90
ジンジャークッキー(スペキュロス) ―― 91
ホットワイン ―― 91

丸子中央病院のとりくみ――シェフと二人三脚で地域のしあわせ創り ―― 92

コラム
　信州ふーど① 野菜と果物 ―― 20
　信州ふーど② 乾物・調味料、ワイン ―― 36
　オーブン料理と炊飯器料理 ―― 48
　信州ふーど③ きのこ、もち麦 ―― 58
　信州ふーど④ 肉、魚 ―― 76
　図解レシピ ―― 82

ある日の食卓、1週間
One week tables

週初めの朝はもち麦で体スッキリ！

水溶性の食物繊維が豊富なもち麦で体を整えます。
国産のもち麦はゆで汁もおいしいので、そのままスープに使いましょう。
旬の野菜や山菜をゆでて、香ばしいくるみの和え物でいただきます。

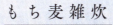

もち麦雑炊

材料(2人分)
もち麦 … 100g
好みのきのこ(なめこ、まいたけ、しめじなど) … 80g
　※大きいものはひと口大に切る。
青菜(小松菜、ほうれんそう、ニラ)や白菜など … 80g
　※3cm長さに切る
鶏ささみ肉 … 100g　※ひと口大に切る
溶き卵 … 2個
和風だしの素(顆粒) … 小さじ1½　※コンソメの場合は小さじ1
ポン酢 … 大さじ1

作り方
1 鍋に軽く洗ったもち麦と水(800cc)を入れ、強火にかける。沸いたらアクをすくって弱火にする。15～20分、もち麦が柔らかくなるまで煮る。
2 1に和風だし(または、コンソメ)ときのこを加え、汁が沸いたら、鶏ささみ肉、青菜を加えて、軽く煮る。
3 2の汁が沸いたら、溶き卵を回しかけて火を消し、蓋をして3分ほど蒸らす。
4 器に盛り、好みでポン酢をかける。

いんげんのくるみ和え

材料(2～3人分)
いんげん … 5～6本
モロッコいんげん … 2～3本　※ゆでて食べられる旬の野菜を好みで
　春：うど、セリ、こごみなどの山菜、　夏：オクラ、なす、
　秋：柿(生)、　冬：春菊、菜の花、ブロッコリーなど。
むきくるみ … 50g
信州みそ … 25g
砂糖 … 15g
酢 … 小さじ½

作り方
1 すり鉢にむきくるみと砂糖を入れ、なめらかになるまでする。みそと酢を加えてよく混ぜる。湯(大さじ2)を加えて混ぜ、少し緩くする。
2 ひと口大に切った野菜をゆで、軽く塩をふってよく水気を切り、1に加えてよく和える。

スパイシーメニューで
スタミナ補給

おかずの定番も、炒めたひき肉に豆鼓と八角を加えて煮ることで、
ぐっと味に深みが出ます。
キッチンの火力でも中華料理店に負けない味わいに。
「なすとトマトのマリネ」は、一晩置くと味がなじみ、
常備菜に最適なひと品。

スパイス香る麻婆豆腐

材料(2人分)
豆腐(絹、木綿どちらでもよい) … ½丁(210g)
　※大きめの角切り
豚ひき肉 … 80g
しょうが(すりおろし) … 小さじ1
にんにく(すりおろし) … 小さじ½
豆鼓 … 小さじ1
豆板醤 … 大さじ1
A ┌ 中華だしの素(顆粒) … 小さじ1
　│ 八角 … 1個
　└ オイスターソース … 大さじ½
片栗粉 … 大さじ1　※倍量の水で溶く
長ねぎ … ¼本　※みじん切り
(好みで)粉山椒 … 少々

作り方
1 鍋に豆腐と水(150cc)を入れ、火にかける。沸いたら火を止め、そのまま置いておく。
2 小さな器に豆鼓を入れ、1の鍋の湯(大さじ1)を加えてふやかし、スプーンでつぶす。
3 フライパンにひき肉を入れて炒め、香ばしくなってきたら、しょうがとにんにくを加えてひと混ぜし、豆板醤を加え香りが立ってくるまで炒める。※焦がさないように注意。
4 3に1の湯を加え、2とAを加えて5分ほど煮る。
5 4に1の豆腐を加え、沸いたら水溶き片栗粉を加えてとろみをつける。最後に、長ねぎとごま油、好みで粉山椒を加え、軽く混ぜて火を止める。

なすとトマトのマリネ

材料(2人分)
なす … 2〜3本　※乱切り
トマト … 中1個(100g)
　※完熟、大きめの乱切り
A ┌ 砂糖 … 大さじ½
　└ 塩 … 小さじ¼
穀物酢 … 大さじ½

作り方
1 ボウルにトマトを入れAを加えて全体を和え、水分が出てくるまで10分ほど置く。
2 なすを180℃の油で素揚げする。油をきって塩(分量外。少々)をふる。
3 1に穀物酢を加えて軽く混ぜ2と和える。粗熱が取れたら冷蔵庫に入れてよく冷やし、皿に盛り付ける。

◎日持ちするので、倍の量を作って常備菜にしても。保存するときは汁に食材が浸るようにするとよい。

定番のカレーも
山田シェフレシピならスペシャルに！

病院レストランの金曜名物・大人気のカレー。
豚肉にスパイスをまぶし、炒めた玉ねぎと一緒に
オーブンで蒸し焼きにして旨みを凝縮させます。
鍋で煮るのはほんの短時間。「コールスロー」は
塩揉みして出た汁もそのまま使うのがおすすめ。

水曜 夜
at Wednesday Dinner

丸子中央病院のスペシャルカレー

材料(作りやすい1回量。約6皿分)

豚肩肉 … 600g　※2〜3cmの角切り

A
- カレー粉 … 大さじ4(山盛り)
- クミンパウダー、コリアンダーパウダー … 各大さじ1
- にんにく(すりおろし) … 大さじ1
- しょうが(すりおろし) … 大さじ1

B
- にんじん … 280g　※乱切り
- エリンギ … 150g　※ひと口大に切る
- 炒め玉ねぎ
  ※玉ねぎ(2個)を薄切りにし、油(大さじ1)を引いた
  フライパンで茶色くなるまで炒める

C
- ココナッツミルクパウダー … 18g
- カルダモンパウダー … 大さじ1
- カレールー … ¾箱

作り方

1 豚肩肉にAをしっかりとまぶす。
2 オーブンに入る直径24cm程度の浅鍋(またはグラタン皿)に、Bの野菜を入れ、炒め玉ねぎをかける。その上に、1を敷き詰めるように置き、オーブン用ペーパーで蓋をして、170℃に予熱したオーブンで1時間ほど焼く。
3 鍋に2を移し、水(350cc)を加えて火にかける。沸いたらCを加え、ひと煮立ちしたら火を止める。

◎ターメリックライス(米3合にココナッツオイル大さじ1とターメリックパウダー小さじ1を加えて炊く。好みでカシューナッツ、レーズンを加える)を添えて。

コールスロー

材料(2〜3人分)

キャベツ … ¼個
玉ねぎ … 小¼
塩 … 1g＋0.5g
酢 … 大さじ½
(好みで)ドレッシング、または、マヨネーズ適宜

作り方

1 キャベツを洗い、水気をよく切って千切りにする。ボウルに入れ、塩(1g)を加えてしんなりするまでよく混ぜる。
2 玉ねぎを薄くスライスし、水に1分ほどさらしてざるにあげ、水気を切る。ボウルに入れ、塩(0.5g)を加えてよく混ぜしんなりさせる。酢を加えてさらに混ぜる。
3 1と2を合わせる。好みでドレッシング、または、マヨネーズを加える。

炊飯器調理で
作り置きできる"素"を活用

手間がかかると感じるちらし寿司の素も炊飯器を使えば、焦がす心配もなく
手軽にとてもおいしく作れます。高級食材ではなくてもいいんです。
好きな魚介や旬の味覚をたっぷりのせれば、楽しい団らんに。

ちらし寿司

材料(2人分)

〈寿司の素／作りやすい1回量。米2合に対し
仕上がりの半量使用〉
ごぼう … 80g
れんこん … 70g
にんじん … 50g
油揚げ … 1枚
かんぴょう … 50cm　※水で戻す
干ししいたけ … 1枚
刻み昆布 … 小さじ1
※すべて細かく切る
※ごぼうとれんこんは切った後、
　ボウルに入れて一度洗って水気を切る
※干ししいたけと刻み昆布はビニール袋に
　入れ、麺棒などでたたいて細かくする
和風だしの素(顆粒) … 小さじ2
しょうゆ … 小さじ1
水(250cc)＋日本酒(150cc)

〈酢飯〉
米 … 2合
A ┌ 酢 … 36cc
　└ 砂糖 … 12g

〈ちらし寿司の具〉
まぐろ(刺身、または、ぶつ切り) … 80g
　※しょうゆ(小さじ1)をからめる
蒸しえび … 4尾
ゆでカニ(または、カニカマ) … 2本
　※食べやすいようにほぐす
ほかにタコ、ボイルほたて、卵焼き、菜の花のお浸し、
みょうが、三つ葉など。
※うに、いくら、いか、サーモン、鯛、アワビetc.
　をのせれば豪華に。季節感を添えるたけのこ、
　ふきのとうなど好みで。
刻みのり … 少々

作り方

1 炊飯釜に〈寿司の素〉の材料をすべて入れ、炊き込みご飯
　モードで炊く。
2 米を寿司の水加減で炊く。鍋にAを入れて沸かし、炊い
　たご飯に混ぜる。
3 2に1の半量を混ぜ、大皿か寿司おけに広げ、上に〈ちら
　し寿司の具〉をのせる。

すくい豆腐と青菜のスープ

材料(2人分)

A ┌ 豆腐 … ½丁
　│ しょうが(薄切り) … 2枚
　│ スープの素(中華、洋風、和風など
　└ 　好みのもの) … 小さじ2
青菜(ほうれんそう、小松菜、モロヘイヤなど)
　… 8枚　※3cm長さに切る
片栗粉 … 小さじ1　※倍量の水で溶く

作り方

1 鍋にAと水(400cc)を入れ、火にかける。沸いたら青菜
　を加え、ひと煮立ちさせる。水溶き片栗粉でとろみをつ
　けて火を止める。

◎水は豆腐が浸っていた水も使うとよい。とろみは豆腐が沈まない
　程度にする。

友人を招いてごちそうディナー

こくのあるミートソース、なめらかなベシャメルソースとチーズ、
フレッシュな生トマト、それぞれが層になって作り出す贅沢な味わい。
とても香りがよく、病院レストランで人気のドレッシングの秘密は、
シェリービネガーにあり！ 季節のサラダを引き立てます。

ラザニア

材料（15×20cmのグラタン皿1台分）
〈ミートソース〉
合いびき肉（または豚ひき肉）… 200g

A
- 玉ねぎ … 中1個
  ※5mm厚さにスライス
- オリーブオイル … 大さじ1
- 塩 … 小さじ½

B
- トマトダイスカット … ½パック（140g）
- ビーフシチューのルー（市販品）… ½箱

〈ベシャメルソース〉
牛乳 … 350cc
バター … 大さじ2
小麦粉 … 大さじ3

トマト … 小2個　※5mm厚さの輪切り
しいたけ（または、エリンギ）… 4個
　※5mm厚さに切る
シュレッドチーズ … 120g
ラザニア（ゆでずに使えるもの）… 6枚
※ゆでて使うものは指定の時間ゆでる

作り方

1. 〈ミートソース〉を作る。耐熱ボウルにAを入れてよく混ぜ、電子レンジで4分加熱し、そのまま置く。
2. フライパンでひき肉を炒め、水（200cc）と1、Bを加えて沸かす。
3. 〈ベシャメルソース〉を作る。牛乳を沸かし、そのまま置く。
4. 鍋にバターを入れて中火にかけ、バターが溶けたら小麦粉を加え泡立て器でよく混ぜる。
5. 4に3の牛乳の半量を加え中火にかけ、粉に火が入り固くなるまで泡立て器で混ぜる。※鍋の端に粉が残らないようゴムベラでとり、よく混ぜる。
6. 残りの牛乳を加えてよく混ぜる。
7. ラザニアとソースを重ねていく。グラタン皿にミートソース、しいたけ、生トマト、ラザニア生地、ベシャメルソース、チーズの順に層にする。これを2回繰り返す。180℃に予熱したオーブンで30分ほど焼く。

シェリービネガードレッシング

材料（作りやすい1回量）
オリーブオイル、サラダ油 … 各80cc
穀物酢、シェリー酢、しょうゆ … 各40cc
粒マスタード … 大さじ1
砂糖 … 小さじ1

作り方

1. 全ての材料をミキサーに入れ、なめらかになるまで撹拌する。

◎写真のサラダはレタス、サニーレタス、トレビス、アンディーブ、セロリ、ルッコラ、バジル、かぶときゅうりのスライス、三つ葉など。ほか、大根やにんじん、ピーマンなどをピーラーでスライスし、水にさらして加えると楽しいサラダに。

たっぷりの野菜が嬉しい
お手軽ランチ

麺の倍以上の野菜を使ったヘルシーな焼きそば。
材料をフライパンに入れて火にかけるだけ。手間をかけたくない日の
お助けメニューでもあります。さっと湯引きして酢で締めた
まぐろのおいしさをサラダでぜひ味わって！

野菜たっぷり焼きそば

材料(2人分)
豚肉(薄切り) … 100g
焼きそば(蒸し麺) … 2玉
付属のソース … 1食分
玉ねぎ … 中1個　※5mm厚さに切る
にんじん … 中1本　※千切り
えのきだけ … 1パック(260g)
　　※石づきを取り、半分長さに切る
小松菜 … 100g　※4cm長さに切る
ごま油 … 大さじ2
A ┌ サラダ油 … 小さじ1
　└ 塩、こしょう … 各少々

作り方
1　焼きそばをほぐし、付属のソースとよく和える。
2　フライパンに豚肉を広げ、Aをふりかける。さっと炒めて火を止める。
3　2ににんじん、玉ねぎ、えのきだけの順に重ね入れ、塩(少々)をふりかける。その上に、1の麺を広げるように乗せ、ごま油を回しかける。一番上に、小松菜をのせて蓋をする。
4　フライパンを弱めの中火にかける。油のはじける音がしてもそのまま加熱する。音がしなくなって野菜の水分で全体が蒸し上がり、小松菜がしんなりしたら火を止める。
5　蓋を取り、全体を軽くかき混ぜて皿に盛り付ける。(好みで)余った付属のソースを少しふりかける。

まぐろの湯引き、完熟トマト、アボカド、玉ねぎのサラダ

材料(2人分)
まぐろ(赤身) … 160g
トマト … 小2個(120g)
アボカド … 1個
玉ねぎ … 60g
イタリアンパセリ … 少々　※みじん切り
A ┌ 酢 … 大さじ1
　│ 粒マスタード … 大さじ½
　└ 塩 … ひとつまみ
B ┌ オリーブオイル … 大さじ1
　└ バルサミコ酢 … 小さじ1

作り方
1　まぐろ、トマト、アボカドは2cm程度の角切りにする。玉ねぎはスライスして水にさらす。
2　ボウルにまぐろを入れ、熱湯をかぶる程度に注ぎ10秒ほど置く。まぐろが白くなったら、ざるにあけて水気を切る。
3　2のボウルにまぐろを戻し、1の玉ねぎとAを加えて混ぜ、そのまま冷ます。
4　器にトマト、アボカド、3のまぐろを盛り付け、まぐろを和えたソースを回しかける。イタリアンパセリを散らし、食べる直前にBをかける。

くつろぎの簡単鍋で家族団らん

ビタミンEが豊富なアーモンドミルクの
コクや旨みを生かして汁のベースにする超簡単鍋です。
魚のすり身やはんぺんを加えると
だしがよく出てさらにおいしくなります。
「ピリ辛のタコのマリネ」は
スッキリとした味わいで
口直しにぴったり。

日曜 夜
at Sunday Dinner

アーモンドミルク鍋

材料(2人分)
たら … 2切れ
えび … 2尾
はんぺん … 1/2枚
白菜 … 100g
小松菜 … 80g
長ねぎ … 30g
大根、にんじん … 各10g　※薄切り
アーモンドミルク(砂糖不使用) … 200ml
ほかに、牡蠣、サーモン、魚のすり身、ほうれんそうなど
季節や好みの具材を加える。

作り方
1　鍋に全ての食材を敷き詰め、アーモンドミルクを注ぎ入れる。
2　1に蓋をして中火にかけ、沸騰したら火を弱め、具材に火を通す。
　　軽くアクをすくい、食卓へ供する。
　　(好みで)ポン酢を添える。

ピリ辛のタコのマリネ

材料(2人分)
蒸しダコ(スライス) … 60g
きゅうり … 2本
塩 … ひとつまみ
うま味調味料 … 少々
A［ごま油 … 大さじ1
　　鷹の爪(輪切り) … 1/2本

作り方
1　きゅうりに塩(分量外。少々)をふり、板ずりして5分置く。水で洗い、
　　すりこぎなどで軽くたたく。
2　1を乱切りにしてボウルに入れ、塩とうま味調味料で和える。蒸し
　　ダコを加える。
3　フライパンにAを入れ、弱火にかける。香りが出てきたら2に回し
　　かけて全体を和える。

Blessing of nature

長生きの源

信州ふーど
①

豊かな風土で育つ農産物。一年中、旬の野菜と果物が
バランスよく食べられるのも長寿の秘訣です。

四季を通じて種類豊富な

野菜と果物

長野県は高い山々があり、その雪解け水が染み込んだ肥沃な盆地があります。冷涼で昼夜の寒暖差が大きい気候がおいしい野菜や果物を生み出します。「菅平の高原野菜」「松代の山芋」「波田のすいか」「千曲のあんず」「川中島白桃」など、各地域の特性を生かした種類豊富な農産物に恵まれているのも長寿県であるゆえんです。

Chapter 1

主菜

Main dish

普段のおかず

たっぷりの野菜と肉や魚を組み合わせた、定番にしたいメニューを短時間で。食材本来のおいしさを引き出す手法で仕上げます。

Main dish | 主菜

牛肉のソテーファン

牛肉と野菜、それぞれの食材にあらかじめ火を通し、
最後に炒め合わせることで、両方の味わいが
いっそう引き立ちます。大葉が全体の味を引き締め、
色鮮やかな緑黄色野菜が食をそそります。

材料(2人分)
牛ロース肉、または、もも肉(ステーキ用)… 1枚　※1cm幅に切る
じゃがいも … 1個　※皮をむき1.5cm幅の拍子木切り
好みのきのこ(しいたけ、しめじ、マッシュルームなど)… 1/2パック
　　　※ひと口大に切る
玉ねぎ … 1/2個　※6等分のくし切り
パプリカ … 1個　※1cm幅に切る
スナップえんどう … 8本(または、アスパラガス … 4本、
　　　または、ブロッコリー … 子房に分けたもの6個)　※ゆでる
大葉 … 6枚　※粗みじんに切る
にんにく(薄切り)… 6枚
バター … 大さじ1
小麦粉 … 小さじ1
コンソメスープの素(顆粒)… 小さじ1
片栗粉 … 小さじ1 1/2
オリーブオイル(または、サラダ油)… 大さじ1+小さじ1
塩、こしょう … 少々

作り方
1 じゃがいもをフライパンに並べ、オリーブオイル(大さじ1)と塩(少々)をふり、蓋をして弱めの中火にかける。色がついたら裏返して、火が通るまで焼いたら取り出す。
2 フライパンに玉ねぎとパプリカを入れ、オリーブオイル(小さじ1)を加え塩(少々)をふり、蓋をして弱めの中火にかける。玉ねぎが透き通ってきたら取り出す。
3 牛肉に塩、こしょうをふり、小麦粉をまぶす。フライパンにバターとにんにくを入れ中火にかける。バターが溶けて泡立ってきたら牛肉を入れ、バターの中で転がすようにしながら炒める。牛肉がころころしてきたら取り出し、そのままのフライパンできのこを入れて炒める。
4 3に牛肉を戻し、1と2、スナップえんどうを入れ、湯(50cc)で溶いたコンソメスープの素を加える。沸いてきたら水溶き片栗粉を加えてとろみをつけ、大葉を加えてひと混ぜして火を止める。

Main dish　主　菜

鶏むね肉のピカタ

鶏肉をたたくことで肉の繊維がほぐれ、火の通りがよくなります。
溶き卵にチーズを混ぜた衣をつけて蒸し焼きにすると、
肉が驚くほど柔らかく、ふっくらと仕上がります。

材料（2人分）

- 鶏むね肉（皮なし）… 1枚（200g）
  - ※50g×4枚に切る
- トマト … 1個　※横半分に切る
- 小麦粉 … 小さじ1
- 塩 … 少々
- バター … 小さじ1
- オリーブオイル … 小さじ2
- A
  - 溶き卵 … 1個分
  - シュレッドチーズ … 30g
  - ※ボウルに入れて混ぜる

作り方

1. 鶏むね肉を肉たたき（または麺棒）で5mmの厚さに叩いて伸ばし、塩をふる。小麦粉をまぶす。
2. フライパンにバターとオリーブオイルを入れ、中火にかける。バターが溶けて泡立ってきたら1をAにくぐらせてから、隙間のないように並べていく。蓋をして（少しずらす）火を少し弱める。鶏肉の端が白くなり、裏面に焼き色がついたら裏返す。蓋をして焼き、鶏肉に火が通ったら火を止めて皿に盛り付ける。
3. 2のフライパンを再度、火にかける。トマトをAにくぐらせてから入れて、片面だけさっと焼き、鶏肉の脇に盛り付ける。

◎アスパラガスやとうもろこしなど旬の野菜を炒め、一緒に盛り付けるとよい。

Main dish | 主 菜

なすの肉みそあんかけ

なすは炒めるよりも揚げたほうが柔らかくおいしく仕上がります。
赤みそを使ったコクのある肉みそと素揚げしたなすの相性は抜群。
豆鼓と八角を加えると味に深みが増します。

材料（2人分）
豚ひき肉 … 100g
なす … ½袋　※へたを取り、乱切り
長ねぎ … ½本　※みじん切り
ごま油 … 大さじ1
しょうが（すりおろし）… 大さじ½
にんにく（すりおろし）… 小さじ½
片栗粉 … 大さじ1　※倍量の水で溶いておく
塩 … 少々

A
- 赤みそ … 30g
- 砂糖 … 20g
- オイスターソース … 大さじ1
- 豆鼓 … 3g　※湯（200cc）に入れてふやかす
- 中華だしの素（顆粒）… 小さじ½
- 八角 … 1個

作り方
1 フライパンを中火にかけ、豚ひき肉を加えて色が変わるまで炒める。にんにく、しょうがを加え、香りが立つまでさらに炒める。
2 鍋に1とAを入れて火にかけ、沸いてから5分ほど煮る。水溶き片栗粉を加えてとろみをつけ、長ねぎとごま油を加えて混ぜ、火を止める。
3 なすを素揚げして、塩をふり、2（肉みそ）の半量を和えて皿に盛り付ける。（好みで）青ねぎの小口切りをちらす。

◎余った肉みそは、ゆでた中華麺にのせ、きゅうりの千切りを添えてジャジャ麺に。またはゆでたブロッコリーやキャベツと和えても。

Main dish | 主菜

鶏手羽元トマトソース

骨付きの肉は骨のまわりからもいいだしが出るので、
焼いてから蒸し煮にすると、
焼き上がりと同時においしいソースが出来上がります。

材料(2人分)

鶏手羽元 … 4本
A ┌ 塩 … 小さじ1/3
　│ こしょう … 少々
　└ 小麦粉 … 小さじ1
トマト … 小2個　※6等分のくし切り
なす … 2本　※1〜1.5cm厚さの輪切り
玉ねぎ … 小1個　※5mm厚さに切る
オリーブオイル … 大さじ1＋大さじ2
塩 … ひとつまみ
砂糖 … 小さじ1
にんにく … 1片
レモン(薄切り) … 2枚
ローリエ … 1枚

作り方

1 耐熱容器に玉ねぎとオリーブオイル(大さじ1)、塩(ひとつまみ)を入れてよく混ぜ、ラップフィルムをして電子レンジで6分加熱する。

2 鍋にトマト、1の玉ねぎ、砂糖を入れて中火にかけ、7〜8分煮る。

3 フライパンになすとオリーブオイル(大さじ2)を入れて中火にかけ、片面をこんがりと焼き、塩(分量外。少々)をふりかけ、フライパンから取り出す。

4 鶏肉にAをまぶす。油をひいたフライパンににんにくとともに入れ、両面を香ばしく焼く(あとから煮るため中は生でよい)。

5 4に2と3、レモン、ローリエを加える。蓋を少しずらしてのせ、弱めの中火で10分ほど煮る。※汁気が少なくなってきたら焦がさないように弱火にする。

Main dish　｜　主菜

にじますのムニエル

淡白で少し水っぽい川魚はバターで余分な水分を抜きながら
ゆっくり焼くとふっくらおいしい仕上がりに。
バターを焦がさないよう火加減に注意して焼くのが重要です。

材料(2人分)
にじます … 2尾　※エラとワタを取る
小麦粉 … 大さじ1
塩 … 小さじ¼
オリーブオイル … 大さじ2
バター … 大さじ1
じゃがいも … 1個
　※皮をむいて7mm厚さに切る
モロッコいんげん
　(または、アスパラガス) … 2本
しょうゆ … 少々
サニーレタス … 適宜
(好みで)レモン … ½個

作り方
1 魚に塩をふり、小麦粉をしっかりとまぶす。
2 フライパンにオリーブオイルとバターを入れて中火にかける。バターが溶けて泡立ってきたら1を入れ、隙間にじゃがいもを入れる。※フライパンに隙間がある場合は、バターが焦げるため、にんじんの輪切りなどを入れて間を埋める。
3 蒸気が逃げるように、蓋を少しずらしてのせ、弱めの中火(バターがブクブクしている状態)で蒸し焼きにする。時々、フライパンをゆすりながら8分ほど焼いたら、魚とじゃがいもを裏返す。モロッコいんげんを加えて、同様にさらに6分ほど焼く。途中でモロッコいんげんを裏返す。
4 皿に盛り付け、サニーレタスを添える。にじますにしょうゆをほんの少量かけ、好みでレモンを絞る。

桜鯛と完熟トマト、新玉ねぎ、アスパラガスのポワレ

鯛と旬の野菜を一緒に焼いて、
トマトを崩してソース代わりにして食べます。
魚と野菜のバランスがよく、
フライパンひとつで作れるのも魅力です。
あさりを加えるとより豪華に。

材料(2人分)
鯛(切り身) … 2枚　※皮に包丁目を入れる
トマト … 小2個　※ミニトマト6〜8個でもよい
玉ねぎ … ½個　※1cmの輪切り
アスパラガス … 2本　※4cm長さに切る
にんにく(スライス) … 1かけ分
ローリエ … 1枚
オリーブオイル … 大さじ1
塩 … ひとつまみ

作り方
1 鯛に塩をまぶし10分置く。
2 食材がちょうど入るくらいのフライパンに1と残りの材料を重ならないように並べ、オリーブオイルを回しかける。野菜に塩(分量外。少々)をふり、蓋をして強めの中火にかける。焼ける音が大きくなったら弱めの中火にする。
3 玉ねぎとアスパラガスに焼き色がついたら裏返す。8〜10分焼き、鯛の皮が焼けたら裏返し、トマトも裏返す。さらに2〜3分焼いたら火を止める。皿に盛り付け、フライパンに焼き汁が残っていたら上からかける。

◎あさりを加える場合：3で鯛を裏返しにしたときに、あさりを10粒ほど加え蓋をし、口が開くまで加熱する。

1品でごちそう

ホームパーティーに1品作っておけばお客様も大満足の
メニューを、レパートリーに加えましょう。

お肉ゴロゴロ　赤ワインシチュー

手軽なルーを使いますが
赤ワインを煮詰めてから加えることで
本格的な味わいになります。
煮込み時間に気をつければ、
牛肉でも豚肉でもおいしく作れます。

材料(4皿分)

牛肩ロース肉シチュー用(または、豚肉カレー用) … 400g
　※肉にこしょう(少々)をふり、小麦粉(大さじ2)をまぶす。
玉ねぎ … 2個　※5mm厚さに切る
A [無塩バター … 大さじ3
　　にんにく(スライス) … 1片
にんじん … 1本　※乱切り
エリンギ … 1パック　※ひと口大に切る
赤ワイン … 200cc
赤ワインシチューのルー(市販品) … 1/4〜3/8箱
(付け合わせ)粉ふきいも、ゆでたブロッコリー、いんげんなど

作り方

1 フライパンに無塩バターと玉ねぎ、にんにくを入れ、中火で色づくまでよく炒める。にんじん、エリンギを加え、ひと混ぜしたら耐熱皿に移す。上に肉をのせ、小麦粉が余っていたら上からふりかける。オーブン用ペーパーを上からかぶせて、180℃に予熱したオーブンで60分焼く(途中で1回、全体をかき混ぜる)。

2 鍋に赤ワインを入れて中火にかけ、半量になるまで煮詰める。

3 2に1と水(300cc)を加え、1で使ったオーブン用ペーパーを落し蓋にして、肉が柔らかくなるまで30分(豚肉カレー用の場合は10分)ほど煮る。※水分が少なくなったら足す。

4 肉が柔らかくなったらルーを入れ、再度、沸いたら火を止める。盛り付けて、付け合わせの野菜を添える。

ブイヤベース

骨付きの魚を使うこと、1種類は貝を入れること、
そして、玉ねぎをよく炒めることが大きなポイント。
加える魚介は好みのもので構いません。
サフランを加えると味と香りがぐんとよくなります。
スープが余ったらご飯やショートパスタを入れて
リゾットやスープパスタに。

材料(2人分)
白身魚(鯛、かれい、たらなど)、あさり、ほたて、ムール貝、えびほか
　※スープに入る量を好みで用意
じゃがいも … 1個　※皮をむき4等分に切る

A
- 玉ねぎ … 150g　※5mm厚さに切る
- にんにく(すりおろし) … 小さじ½
- サフラン … ひとつまみ
- オリーブオイル … 大さじ2
- 塩 … 小さじ¼

B
- トマトダイスカット … ½パック(180g)
- コンソメスープの素(顆粒) … 大さじ1
- 砂糖 … 小さじ1
- 水 … 200cc

〈にんにくクリーム〉
生クリーム … 大さじ2　※5分立て
にんにく(すりおろし) … 小さじ¼
パセリ(みじん切り) … 小さじ½
※全ての材料を混ぜ合わせる

作り方
1 鍋にAを入れ中火にかけて炒める。玉ねぎが透き通って柔らかくなるまで炒めたらBを加えて沸かす。
2 1にじゃがいもを加え、火が通るまで20分ほど煮る。火が通りにくい生魚などを先に加え、軽く煮てから貝類とえびを加えて煮る。
3 魚介に火が通ったら、皿に盛り付け〈にんにくクリーム〉を添える。

そば粉のクレープ

そば粉を加えると小麦粉だけで作るクレープよりも
香ばしくて食べやすく、胃もたれしにくいような気がします。
好みの具材をそれぞれ手巻きして、楽しいクレープパーティーに!

Main dish | 主菜

材料(クレープ12枚分)
〈クレープ生地〉
そば粉 … 150g
小麦粉 … 100g
卵 … 3個
牛乳 … 500cc
バター … 50g　※溶かしバターにする
塩 … ひとつまみ

〈具材〉
○キャベツとさば水煮缶
　キャベツ … 200g　※ざく切り
　さば水煮缶 … 1缶
　赤みそ … 小さじ2　※大さじ1の湯で溶く
　サラダ油 … 小さじ1
○プティポワフランセーズと卵
　グリンピース(冷凍) … 100g
　卵 … 2個
　玉ねぎ … 1/2個　※5mm厚さに切る
　ベーコン … 20g
　バター … 10g
　塩 … 少々
○豚肉ともやしの炒め煮
　豚こま切れ肉 … 160g
　もやし … 1袋
　鶏がらスープの素(顆粒) … 小さじ2
　サラダ油 … 小さじ1
○鶏ささみのクリームシチュー
　鶏ささみ肉 … 250g
　しめじ … 1パック
　玉ねぎ … 1/2個　※5mm厚さに切る
　鶏がらスープの素(顆粒) … 小さじ2
　クリームシチューのルー(市販品) … 1/4箱

作り方
○そば粉のクレープ
1　ボウルに卵を溶きほぐし牛乳を加える。
2　そば粉、小麦粉、塩をふるいにかけながら1/3量ずつ1に加え、泡立て器で混ぜる。溶かしバターを加えて混ぜ、30分ほど休ませる。
3　フライパンを熱し、サラダ油を含ませたペーパータオルで表面を拭く。中火にし、2の生地をレードル1杯(約60cc)ずつ流し、両面を焼く。12枚焼く。
4　好みの具材を巻いて食べる。

○キャベツとさば水煮缶
フライパンにサラダ油を引き、キャベツを炒めてしんなりしてきたら、さば水煮缶と赤みそを加え炒め合わせる。

○プティポワフランセーズと卵
グリンピースは塩ゆでする。フライパンにバターと玉ねぎ、ベーコンを入れて炒め、しんなりしてきたらグリンピースを加える。溶いた卵を加えて、スクランブルエッグの要領で溶き混ぜる。

○豚肉ともやしの炒め煮
フライパンにサラダ油を引き、豚肉を入れて炒め、鶏がらスープの素を加える。電子レンジで袋のまま2分加熱したもやしを加え、炒め合わせる。

○鶏ささみのクリームシチュー
「鶏ささみのオリーブオイルマヨネーズ和え」(P.62-63)の要領で鶏ささみ肉に火を通し、身をほぐす。肉をゆでたスープに玉ねぎ、しめじを加えて火にかけ、沸いたらシチューのルーと肉を加えて軽く煮る。

具材を大皿に盛り付けて用意すればパーティー仕様に。和風も洋風もそば粉の風味に合います。決まりはないのでで野菜にマヨネーズなどでも。

Blessing of nature

長生きの源

信州ふーど
②

県内各地の豊かな食文化は、発酵食品の信州みそやワイン、
天然のフリーズドライである寒天など保存や加工の知恵が生かされています。

豊かな食文化を支える
健康食材
乾物・調味料

面積が日本で4番目に広く、南北に212km、東西に120kmの広がりがある長野県は地域による食文化も多様です。「そば粉」や「信州みそ」を使った伝統食は、最近では長寿食として見直されています。ビタミンやミネラル豊富な「国産くるみ」の生産量は日本一、諏訪地方特産の「寒天」も食物繊維豊富なローカロリー食材として注目されています。

世界に誇るブドウ酒は
料理との相性も抜群
ワイン

昼夜の寒暖差、日照時間の長さを生かして栽培されるワイン用ブドウの生産は日本一。上田の「椀子（まりこ）」など、良質なブドウで造られるワインは世界レベル。地元食材を生かした食事とマッチします。赤ワインはポリフェノールも豊富。

オーブン料理

香ばしく焼き上げるだけでなく、じっくりと火を通して旨みを凝縮させたり、煮込んだり、オーブンをもっと活用しましょう。

かぶのベーコン巻き　チーズフォンデュ風

少量のチーズと、白ワインで作れる手軽なチーズフォンデュ風ソース。
カマンベールやブルーチーズを加えると、いっそうおいしくなります。
パンにのせてオーブントースターで焼けば絶品おつまみに。

材料(2人分)

- かぶ … 2個
- ベーコン … 2枚
- じゃがいも … 1個
  ※ゆでて皮をむき、½または¼に切る
- スナップえんどう … 4本　※ゆでる
- エリンギ … 2本　※縦半分に切る
- カリフラワー(子房) … 2個　※ゆでる
- A
  - シュレッドチーズ … 60g
  - 白ワイン … 40cc

作り方

1. かぶは緑の葉を残し黄色い部分は取り除く。皮付きのまま、縦½または¼に切る。葉の付け根を水でよく洗い、泥を落として、水気を切る。
2. かぶをベーコンで巻き、フライパンに並べて中火にかける。蓋をして2～3分、ベーコンに色が付くように、両面を焼く。
3. Aをフードプロセッサーにかけペースト状(少しダマになっていてもよい)にする。
4. グラタン皿に2と残りの野菜を並べ、3を上からかける。200℃に予熱したオーブンで10分焼く。

Main dish 主菜

野菜のファルシ

トマト、なす、ズッキーニ、パプリカ、
玉ねぎ、しいたけ。
色々あると彩り豊かなプレートに。
ひき肉の詰め物は焼いたときに
固くならないようにした、少し緩めのレシピです。

材料(2人分)
トマト … 小2個　※へたの1cm下を横に切る
しいたけ … 2個　※石づきを取る
なす … 1本　※縦½に切る
ズッキーニ … 3cm厚さの輪切り×2個
パプリカ … 1個　※縦½に切って種を取る

A ┃ 玉ねぎ … 100g　※みじん切り
　┃ オリーブオイル … 大さじ½
　┗ 塩 … 小さじ¼

B ┃ 豚ひき肉 … 150g
　┃ 塩 … 小さじ1/8
　┗ こしょう … 少々

卵 … ½個
片栗粉 … 10g
パセリ(みじん切り) … 大さじ1

C ┃ オリーブオイル … 大さじ1
　┃ にんにく(すりおろし) … ½かけ分
　┗ ※よく混ぜる

作り方
1 トマト、なす、ズッキーニの中身をスプーンなどでくりぬく。中身はみじん切りにし、出てきた汁と一緒に取っておく。
2 耐熱ボウルにAを入れ、よく混ぜてからラップフィルムをして電子レンジで5分加熱する。そのまま置いておく。
3 別のボウルにBを入れてよく混ぜ、1の野菜の中身と汁、2、卵を加えて混ぜる。さらに、片栗粉とパセリを加えてよく混ぜる。
4 詰め物をする野菜を耐熱皿に並べ、上から塩(分量外。少々)をふりかける。3をスプーンで野菜にのせる。
5 Cを4の上にかけ、200℃に予熱したオーブンで25分(肉に火が通るまで)焼く。

鶏のバロティーヌ

難しそうな名前ですが、作るのは思いのほか簡単です。
丸子中央病院ではクリスマスに患者さんにもお出しする、
子供からシニアまで幅広い年代に喜ばれる味です。

材料(4人分)
鶏もも肉 … 1枚(350g)
A
- 玉ねぎ … ½個　※薄切り
- バター … 小さじ1
- 塩 … 少々

B
- 鶏豚合いびき肉 … 120g
- 塩 … 小さじ½
- こしょう … 少々

C
- 玉ねぎ … ¼個　※薄切り
- マッシュルーム … 4個　※薄切り
- バター … 小さじ1

片栗粉 … 小さじ1+小さじ1
塩、こしょう … 各少々
赤ワイン … 100cc
ビーフシチューのルー … 2かけ
(付け合わせ)マッシュポテト、にんじんのグラッセ、
　ゆでたブロッコリーなどを用意

作り方
1 鍋にAを入れ、柔らかくなるまでよく炒める。
2 鶏もも肉を、皮を下にしてまな板に広げ、肉の厚い部分を削って全体が同じ厚さになるようにする。皮を切らないように注意しながら、肉に4〜5か所切り込みを入れ、軽く塩、こしょうをして、片栗粉(小さじ1)をふる。
3 Bと1、2で削った肉、片栗粉(小さじ1)をボウルに入れてよく混ぜ、棒状にして、2の鶏もも肉の上に乗せて太巻き寿司のように巻く。さらに、オーブン用ペーパーを上から巻く。
4 グラタン皿にCを入れ、3を乗せて180℃に予熱したオーブンで20分焼く。グラタン皿に赤ワインを注ぎ、さらに20分焼く。
5 4をオーブンから出し、肉を取り出す。肉の下に敷いた野菜と焼き汁を小鍋に移す(200ccに足りなければ水を加える。多ければ煮詰める)。ビーフシチューのルーを加えて煮溶かす。
6 肉を2cmほどの幅に切り、5のソースと付け合わせと共に皿に盛り付ける。

Main dish | 主　菜

じゃがいものグラタン シャンバロン風

本来は羊肉を使いますが、豚肉にアレンジ。蒸らし炒めで旨みを引き出し、
茶色くなるまでよく炒める玉ねぎが味の決め手です。
じゃがいもは上に塗った溶かしバターを吸い込んで香ばしく焼きあがります。

材料（直径20cmのグラタン皿1台分）

豚こま切れ肉 … 240g
じゃがいも … 2個
　※皮をむき、スライサーで薄切り
エリンギ … 小4本　※5mm厚さの輪切り
にんにく（スライス）… 3かけ

A ┌ 玉ねぎ … 1個半　※5mm厚さに切る
　│ オリーブオイル … 小さじ2
　└ 塩 … 小さじ1/3

B ┌ バター … 40g
　│ 鶏がらスープの素（顆粒）… 小さじ2
　│ 湯 … 160cc
　└ ※よく混ぜ、バターが溶けるまで置く

作り方

1. フライパンに**A**を入れ蓋をして弱めの中火にかけ、蒸らし炒めにする。玉ねぎが柔らかくなったら蓋を取り、木べらで混ぜながらきつね色になるまで炒め取り出す。

2. 肉に塩（分量外。小さじ1/3）、こしょう（分量外。少々）をふり、油（分量外。大さじ1）をひいたフライパンで火が通るまで炒め、エリンギ、にんにくを加える。さらに炒めてにんにくの香りが立ったら**1**を加えて軽く混ぜ、グラタン皿に敷き詰める。

3. **2**の上にじゃがいもを少しずらしながら並べる。上から**B**を回しかけ、180℃に予熱したオーブンで40分ほど焼く。じゃがいもに火が通り、表面にうっすらと焼き色が付いたらできあがり。

鶏もも肉の信州みそ照り焼き

しょうゆにくぐらせたもも肉を香ばしく焼いてから、
みそだれをかけて再び焼き上げます。
滋味深い味わいで、自分も大好きなメニューです。

材料(2人分)
鶏もも肉 … 1枚(250g)
きのこ(しめじ、えのきだけなど) … 100g
しょうゆ … 小さじ1
塩 … 少々
(好みで)粉山椒 … 少々

A
- 信州みそ … 20g
- 砂糖 … 10g
- ゆずの皮のすりおろし … 小さじ¼
  ※乾燥ゆずの皮を粉にして使ってもよい
- 水 … 小さじ1

作り方
1 器にAを入れてよく混ぜる。
2 鶏肉にしょうゆをからめる。
3 鶏肉がちょうど入る大きさの耐熱皿にきのこを入れて塩をふり、上に2をのせる。200℃に予熱したオーブンで肉に火が通るまで、25分ほど焼く。
4 3を一度オーブンから取り出し、1をかけて再度オーブンに入れ6分ほど、焼き色がつくまで焼く。
5 鶏肉を食べやすい大きさに切り、4のきのこと一緒に皿に盛り付ける。好みで粉山椒をふる。

◎素揚げしたししとう、アスパラガスなどを添える。

Main dish　主菜

ほたて貝のオーブン焼き　2種

脂肪分が少ない食材は、バターを少し乗せて焼くと
格段においしくなります。味のポイントは、
ほたて貝の下処理をきちんとすること。
ほたて貝の代わりに、鯛やたらなどで作っても。

材料(4個分)
ほたて貝(殻付き)…4枚(鯛などの白身魚の場合、30g×4個)
　※貝柱をはずし、エラなどを取ってよく洗い、ペーパータオルで
　水気を取る。ひもはひと口大に切る。殻もよく洗い水気を拭き取る。

A ┌ 玉ねぎ…½個　※5mm厚さに切る
　│ オリーブオイル…小さじ½
　│ 塩…小さじ¼
　│ ※耐熱容器に入れてラップフィルムをかけ電子レンジで
　└ 3分加熱する

○**チーズパン粉焼き(2個分)**
　Aの半量
　ミニトマト…2個　※横半分に切る
　シュレッドチーズ…20g
　パン粉…小さじ2
　バター…小さじ1
　パセリ(みじん切り)…少々

○**えのきしょうゆ焼き(2個分)**
　Aの半量
　えのきだけ…½パック
　にんにく(すりおろし)…少々
　しょうゆ…小さじ1/4
　バター…小さじ1

作り方
1　ほたて貝の殻に貝柱を1個のせ、塩(分量外。少々)をふりかける。
　ほか3個も同様にする。
2　〈チーズパン粉焼き〉を2個作る。1の貝柱の脇にミニトマトの切り
　口を上にして置き、上に砂糖(分量外。少々)をかける。さらに、A、
　シュレッドチーズ、パン粉、バター、パセリの順にのせる。
3　〈えのきしょうゆ焼き〉を2個作る。ボウルに〈えのきしょうゆ焼き〉
　のバター以外の材料を全て入れて混ぜ、1の貝殻にこんもりと盛る。
　上にバターをのせる。
4　200℃に予熱したオーブンで10分焼く。

Main dish | 主菜

いわしのエスカルゴバター焼き

エスカルゴを焼くときに使う、アンチョビ入りの香草バターで
いわしを焼きます。トマトと玉ねぎは、必ず入れて作ってください。
ワインによく合います。

材料(2人分)
いわし … 2尾
　※エラと鱗を取って洗い、水気を拭き取る
塩 … 小々
〈エスカルゴバター／作りやすい1回量。半量を使用〉
A ┌ バター(食塩不使用) … 100g
　│　※電子レンジに20秒ほどかけ柔らかくする
　│ アンチョビ(ペースト) … 10g
　│ 玉ねぎ … 1/4個　※粗みじん切り
　│ パセリ … 大さじ1　※みじん切り
　└ にんにく(すりおろし) … 小さじ1/2
玉ねぎ … 1/2個　※7mm厚さの輪切り
トマト … 1個　※2cm厚さの輪切り
マッシュルーム … 4個
　※または、しいたけ、エリンギ
パン粉 … 大さじ2

作り方

1 Aのバター、アンチョビ、にんにくをフードプロセッサーにかけなめらかなペースト状にする。玉ねぎ、パセリを加えて軽く混ぜる。　※料理には半量を使用。残りは冷凍保存も可能。

2 いわしに塩をふる。

3 耐熱皿に玉ねぎとトマト、マッシュルームを並べる。上に2をのせ、1の半量をいわしの上に塗る。さらにパン粉をふりかけ、200℃に予熱したオーブンで約20分、いわしに火が通るまで焼く。

◎焼き汁にパンを浸して食べるのもおすすめ。あじ、さば、鶏肉でも同様に作れる。

スペイン風オムレツ

野菜を蒸らし炒めする工程を、電子レンジで行なう手間なしレシピ。
材料が温かいうちに卵と合わせオーブンに入れるだけ。
冷めてもおいしいのでお弁当のおかずにしても。

材料(オーブンに入れられる直径18cmのフッ素加工したフライパン、または、浅鍋1台分)

A
- かぼちゃ … 1/8個(160g)
  ※種を取り、2〜3cm角に切る
- 玉ねぎ … 1/2個　※1.5cm角に切る
- パプリカ … 1/2個　※1.5cm角に切る
- オリーブオイル … 大さじ1
- 塩 … 小さじ1/3

B
- ソーセージ … 100g
- ブロッコリー、いんげん、グリンピースなど … 60g

- とうもろこし(生) … 1本
  ※実を削り取る
- 卵 … 5個

作り方

1. 耐熱ボウルにAを入れてよく混ぜ、ラップフィルムをして電子レンジで9分加熱する。取り出してそのまま置く。
2. 鍋に湯を沸かしBをゆで、ざるにあけてよく水気を切る。
3. 1に2ととうもろこしを加えて木べらで軽く混ぜ、卵を割り入れてさらによく混ぜる。
4. フライパン(または、浅鍋)にオリーブオイル(分量外。小さじ2)を引き、3を入れて中の具を均等に散らす。
5. 180℃に予熱したオーブンで20分焼き、取り出す。粗熱が取れたら皿に裏返し、切り分ける。

◎とうもろこしは、生がなければ冷凍でもよい。その場合は、2で一緒にゆでる。

| How to cook |

やってみると、便利を実感！

オーブン料理と
炊飯器料理

フランス修業時代のオーブンの技と、自炊の学生時代に培った
炊飯器お任せ時短調理。
山田シェフは2つの調理家電を今も上手に活用中。

下ごしらえにも
力を発揮
オーブン

焼くだけでなく、蒸し煮や蒸し焼きに活用。「丸子中央病院のスペシャルカレー」（P.10-11）では、野菜と肉の旨みを引き出しながらオーブンで1時間加熱しますが、代わりに鍋で煮込む時間はほとんどなくて済みます。

手間なしクッキングの
強い味方
炊飯器

焦げ付かず火加減要らずの特長を生かし、炊飯器調理の炊き込みご飯モードを活用すれば「キャベツケーキ―炊飯器で作るロールキャベツ―」（P.50-51）も手軽に。「おいしいかぼちゃのサラダ」（P.64）や「切り干し大根の煮物」（P.72）など、常備菜作りにも役立ちます。

炊飯器で簡単

下ごしらえをして、炊き込みご飯モードのスイッチをオン。火加減を気にせずに作れる、和と洋の煮込み料理です。

豚バラ大根

時間のかかるスペアリブと大根の煮物も炊飯器調理なら手軽に、上手に作れます。もっと大根を増やしてもいいですね。

材料(2〜3人分)

- 豚バラ肉(かたまり)　※1cm幅に切る
- 豚スペアリブ
  　　… 合わせて250g
  　※どちらか片方のみでもよい
  　豚バラ肉のみの場合、脂が少なめのもの
- 大根 … ½本(500g)　※大きめの乱切り
- しょうが(すりおろし) … 大さじ½
- 中華スープの素、または、
  　鶏がらスープの素(顆粒) … 小さじ1
- 八角 … 1個

〈キャラメルしょうゆ〉
- 砂糖 … 大さじ4
- しょうゆ … 大さじ1

作り方

1. 〈キャラメルしょうゆ〉を作る。小鍋に砂糖と水(大さじ2)を入れ中火にかける。色がついてきたら弱火にし、くるみの殻程度の色になったら火を止め、水(大さじ1½)を加えて温度を下げる。さらにしょうゆを加えて溶かす。
  ※やけどに注意する。
2. 炊飯器の内釜に豚肉と1、しょうがと八角を入れ、よく混ぜて5分ほど置く。
3. 2に大根、中華スープの素、水(75cc)を加え、炊き込みご飯モードで炊く。
4. 炊飯器のスイッチが切れたら全体をひと混ぜして上下を返し、しばらく置いてから盛り付ける。

Main dish | 主菜

キャベツケーキ
― 炊飯器で作るロールキャベツ ―

キャベツの葉を一枚ずつ丁寧に外したり、
肉だねをキャベツで包む手間が要らないので、
ロールキャベツよりもずっと簡単に作れます。
中のトマトは煮えるとソース代わりになります。

材料(5.5合炊き炊飯器1台分)
キャベツ … 500g
ベーコン(薄切り) … 2枚
トマト … 小2個(大なら1個)
コンソメスープの素(顆粒) … 小さじ2

A ┌ 玉ねぎ … 120g ※みじん切り
  │ オリーブオイル … 大さじ1
  └ 塩 … 小さじ¼

B ┌ 豚ひき肉(または、牛豚合いびき肉) … 250g
  │ エリンギ … 100g ※粗みじん切り
  │ 卵 … 1個
  │ 片栗粉 … 大さじ1
  │ 塩 … ¼
  └ こしょう … 少々

作り方
1 耐熱ボウルにAを入れ、ラップフィルムをして電子レンジで3分加熱し、そのまま置いて粗熱を取る。
2 ボウルにBと1を入れてよく混ぜる。
3 キャベツの葉をはずす。大きめの葉が3枚取れれば、あとは割れてもよい。
4 炊飯器の内釜の底にベーコンを敷き、その上に大きめのキャベツの葉を3枚重ねて底が隠れるようにする。さらにキャベツ(¾量)を加え、上から手で押す。2を加えて平らにならし、トマトを肉の上にのせ上から押して埋め込む。残りのキャベツをのせる(一番上に大きめの葉をのせる)。
5 4に湯(45cc)で溶いたコンソメスープの素をかけ、炊き込みご飯モードで炊く。
6 炊飯器のスイッチが切れたら、内釜の上に少し深めの皿をのせ、釜ごと裏返して取り出す。※やけどに注意。

キャベツと肉だねを重ねる簡単ステップ。

ご飯料理

魚や肉、野菜が盛りだくさんで、おかず要らずのご飯料理。食材の旨みが存分に味わえ、華やぎもあるのでおもてなしにも。

パエリア

鶏もも肉と白身魚、えび、あさりが入った
具だくさんのパエリアです。
米を炒めてから、
炊飯器で炊いても、
オーブンで焼いて仕上げても。

材料(4人分)

鶏もも肉 … 140g　※ひと口大に切る
白身魚 … 120g　※4つに切る
えび … 4尾　※頭の殻を起こしワタを洗い、水気を拭きとる
あさり(砂抜き済み) … 150g
パプリカ(赤・黄) … 各½個　※3mmの輪切り
ミニトマト … 8個
マッシュルーム … 30g　※縦半分に切る
にんにく(スライス) … 1かけ分
米 … 2合　※洗わない
塩 … 少々

A［
　玉ねぎ … ½個　※みじん切り
　サフラン … ひとつまみ
　オリーブオイル … 大さじ1
　塩 … 少々
］

B［ コンソメスープの素(顆粒) … 小さじ1　※360ccの水で溶く ］

作り方

1　耐熱ボウルにAを入れてよく混ぜ、ラップフィルムをして電子レンジで3分加熱する。
2　鶏肉に塩(少々)をふり、フライパンで皮目を焼く。えびを加え、色が赤く変わるまで両面を焼き(中まで火が通らなくてもよい)、取り出す。
3　別のフライパンに米とオリーブオイル(分量外。大さじ1)を入れ、米がパラパラとしてくるまで炒める。マッシュルームとにんにくを加えて軽く炒めてから1とBを加えてひと混ぜする。

〈オーブンの場合〉
4　3の上に鶏肉、魚、えび、あさり、パプリカをのせ、オーブン用ペーパーで蓋をして(ペーパーが飛ばないようにスプーンなどをのせる)、200℃に予熱したオーブンで12分焼く。ペーパーを取って、ミニトマトをのせさらに5分焼く。

〈炊飯器の場合〉
4　3を炊飯器の内釜に入れ、上に鶏肉、魚、あさり、パプリカをのせて炊き込みモードで炊飯する。炊き上がったら、えびとミニトマトを加えて蒸らす。

Main dish　主菜

もち麦入り炊き込みご飯　2種

米の半量をもち麦に代えると、
魚や肉、それぞれの素材の存在感が増し、
おいしく仕上がります。
どちらもボリュームたっぷりです。

材料（各2合分）
〈割り下〉
砂糖 … 大さじ1
しょうゆ … 大さじ2
みりん … 大さじ2
水 … 大さじ1
※すべての材料を混ぜる

○牛肉としめじ、里芋
　牛肉（薄切り）… 150g
　割り下 … 80cc
　しめじ … 80g
　里芋 … 120g　※皮をむき、ひと口大に切る
　米 … 1合　※洗って水を切る
　もち麦 … 1合

○ぶりとまいたけ、里芋
　ぶり … 1切れ（150g）
　塩 … 小さじ¼
　ちくわ … 1本　※5mm厚さの半月切り
　しめじ、まいたけ、なめたけなど
　　… 合わせて80g　※ひと口大にほぐす。
　油揚げ … 1枚　※半分に切り、5mm幅に切る
　にんじん … ¼本　※3〜4cm長さの細切り
　里芋 … 120g　※皮をむき、ひと口大に切る
　割り下 … 60cc
　和風だしの素（顆粒）… 小さじ½
　しょうが（細切り）… 小さじ½
　米 … 1合　※洗って水を切る
　もち麦 … 1合

作り方
○牛肉としめじ、里芋
1　ボウルに牛肉と〈割り下〉を入れ軽くまぜる。
2　炊飯器の内釜に米ともち麦を入れ、水（460cc）を加える。上に1、里芋、しめじをのせ（かき混ぜない）、炊き込みご飯モードで炊く。

○ぶりとまいたけ、里芋
1　ぶりの皮に沸かした湯をさっとかけ、流水で洗ってうろこを取る。ペーパータオルで水気を拭きとり、塩をふりかけて5分置く。
2　炊飯器の内釜に米ともち麦を入れ、水（480cc）、〈割り下〉、和風だしの素を加えて軽く混ぜ、上にしょうが以外の残りの材料をのせる。ぶりの上にしょうがをのせ、炊き込みご飯モードで炊く。

Main dish | 主菜

もち麦を使ったいか飯

いかにもち麦を詰めたらあとは
炊飯器におまかせ。
白米より早く炊けるもち麦は
芯が残りにくく、この料理におすすめです。

材料(2人分)
いか … 4杯(1杯100gくらいのもの)
もち麦 … 大さじ4
大根 … 240g　※ひと口大の乱切り
しょうが(薄切り) … 4枚
A ┌ 砂糖 … 大さじ1(12g)
　├ しょうゆ … 小さじ2
　├ みりん … 大さじ1
　├ 水 … 120cc
　└ ※ボウルに入れて混ぜ、砂糖を溶かす
半熟卵 … 2個
　　※沸騰した湯に卵を入れ、6分ゆでて冷水にとる。殻をむく。

作り方
1 いかの足と内臓、骨を取る。足に付いている内臓や目、口を取り、足だけにする。胴体と足を水でよく洗い、ペーパータオルで水気をよく拭き取る。
2 1の胴体にもち麦を大さじ1ずつ入れる。※紙を二つに折り、もち麦を乗せると入れやすい。
3 炊飯器の内釜に大根としょうがを入れる。
4 バットの上で2のいかに、Aを大さじ3ずつ入れ爪楊枝で止め、3に入れる(汁が流れ出ないように閉じ口を上にして、大根に立てかけるように並べる)。バットにあふれた汁と残った汁を全て加え、炊き込みご飯モードで炊く。
5 皿に4を盛り付けて、半分に切った半熟卵を添える。

炊飯器にセットしてスイッチを入れれば、約1時間後に出来上がり。とてもジューシーで、もち麦もふっくらと炊き上がります。

長生きの源

信州ふーど
③

生産量が多く「きのこ王国」とも言われる長野県。また、スーパー食材として近年大注目のもち麦の作付面積も増加しています。

旨みも食物繊維も豊富な健康食材
きのこ

きのこの生産量も長野県が日本一。全国で初めて人工栽培に成功した「ぶなしめじ」のほか、県内各地で栽培が盛んです。食物繊維豊富でローカロリー、さっと火を通すだけでよく、旨みの宝庫なのでスープや鍋にたっぷり加えて食べましょう。

クセがないから使いやすい
もち麦

「もち麦」は水溶性食物繊維のβ-グルカンが豊富で腸内環境を整え、糖質の吸収を抑えるなど様々な働きで注目され、県内での生産量も増えてきました。本書にも「もち麦を使ったいか飯」(P.56-57)など、もちもちとした食感を生かした料理を掲載しています。

Chapter 2

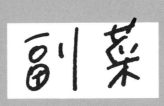

Side dish

サラダ＆マリネ

ワンパターンになりがちなサラダも一手間で魅力的な逸品に早変わり。
冷蔵で日持ちするので、まとめて作っておくと便利なものばかりです。

ギリシャ風　野菜のマリネ

コリアンダー（パクチーの実）と
ローリエ（月桂樹の葉）、白ワインで作るギリシャ風。
苦みのあるアンディーブ（チコリ）やセロリが入ると味に
広がりが出ます。春はふきのとうやタラの芽を入れても。

材料(4人分)

A
- 玉ねぎ … 小1個　※8等分のくし切り
- にんじん … 1/2本　※4cm長さの短冊切り
- れんこん … 1/2節　※3mm厚さのいちょう切り
- セロリ … 1/2本　※4cm長さの短冊切り
- カリフラワー … 120g　※ひと口大に切る
- なす … 1本　※4cm長さに切り、縦8等分

B
- アンディーブ（チコリ）… 2本　※縦1/6に切る
- しめじ … 1パック　※ひと口大にほぐす
- ミニトマト … 12個　※へたをとる
- レーズン … 大さじ1

C
- コリアンダー（粒）… 大さじ1　※パウダーの場合は小さじ1/2
- ローリエ … 2枚
- オリーブオイル … 大さじ4

D
- 白ワイン、水 … 各100cc

塩 … 小さじ2/3＋小さじ2/3

作り方

1. 直径25cmの浅鍋にAを入れ、塩(小さじ2/3)をふりかける。CとDを加え、中火にかけて沸かす。2〜3分、煮立たせてアルコールを飛ばし、蓋をしてさらに5分加熱する。
2. 1にBを広げてのせ、塩(小さじ2/3)をふりかけ、蓋をして8分加熱し火を止める。そのまま常温に置いて冷まし味をなじませる。
3. 保存容器に2を移して冷蔵庫に入れ、よく味をなじませる。

◎冷蔵で3〜4日は保存が可能。

Side dish | 副菜

鶏ささみの
オリーブオイルマヨネーズ和え

鶏のささみは鶏がらスープの中で火を入れて
しっとりと。市販のマヨネーズをベースに
卵黄とオリーブオイルをプラスするだけで、
失敗することなく、風味のいい
自家製マヨネーズソースが作れます。

材料(2人分)
鶏ささみ肉 … 120g
アボカド … 1個
トマト … 1個
鶏がらスープの素(顆粒) … 小さじ1
〈自家製マヨネーズソース／作りやすい1回量。半量使用〉
マヨネーズ(市販品) … 60g
卵黄 … 1個分
オリーブオイル … 60cc
塩 … 少々

作り方
1 小鍋に鶏がらスープの素と水(250cc)を入れて沸かす。鶏ささみ肉を加え、再度沸いたら肉を裏返し、蓋をして火を止める。そのまま5分置く。
2 1を再度火にかけ、沸いたら肉を取り出し手でほぐす。筋があれば取り除く。※汁はスープなどに使う。
3 〈自家製マヨネーズソース〉を作る。ボウルにマヨネーズと卵黄を入れ、泡立て器でよく混ぜる。さらに、オリーブオイルを少しずつ加えながら泡立て器でよく混ぜる。
4 アボカドを縦半分に切り、種を取って塩(少々)をふる。実を少しスプーンで取り出し、ボウルに入れる。
5 4のボウルに2の鶏肉、トマトを加えて塩(少々)をふり、3の半量を加えて和える。アボカドを器にして盛る。

◎〈自家製マヨネーズソース〉の半量は冷蔵保存し、「おいしいかぼちゃのサラダ」(P.64)などに利用を。

Side dish | 副菜

おいしいかぼちゃのサラダ

かぼちゃを炊飯器で調理すれば、手間なくおいしい蒸し焼きに。
サラダのほかにも丸めてコロッケに、水や牛乳と一緒に
ミキサーにかければ、かぼちゃのポタージュにと役立ってくれます。

材料(4人分)
かぼちゃ … 1/4個(種を取って540g)
　※皮の硬いところを取り4〜5cm角に切る
玉ねぎ … 1/4個
　※スライスし、水にさらしてざるにあけ
　水気を切る
酢 … 小さじ1
塩 … 少々
A ┌ オリーブオイル … 小さじ1
　├ 塩 … 小さじ1/4
　└ 水 … 100cc
マヨネーズ … 40g
(好みで)くるみ … 30g

作り方
1 炊飯器の内釜にかぼちゃを入れ、Aを上からかけ、炊き込みご飯モードで炊く。
2 ボウルに玉ねぎを入れ、塩を加えて水分が出るまで軽くもむ。酢を加えて置いておく。
3 1のスイッチが切れたら炊飯器の蓋を開けて蒸気を飛ばし、2とマヨネーズを加えてざっくりと混ぜ、器に盛り付ける。好みでくるみを散らす。

Side dish | 副菜

エスカベッシュ

骨付きの魚のほうがよい味が出ます。
揚げた魚と一緒にマリネする野菜は、
電子レンジで加熱して甘さを引き出しておきましょう。

材料(2〜3人分)
あじ(ぶつ切り。切り身でもよい) … 170g
れんこん … 1/2節　※3mm厚さの薄切り
しょうが … 5g　※薄切り
小麦粉 … 10g
塩 … 少々

A
- 玉ねぎ … 1/2個　※大きめのくし切り
- にんじん … 1/3本　※4cm長さの短冊切り
- パプリカ … 1/2個
　　※にんじんと同じくらいの大きさに切る
- セロリ(茎) … 1/4本
　　※4cm長さの短冊切り
- 国産レモン … 輪切り3枚
- オリーブオイル … 大さじ1
- 塩 … 小さじ1/3

作り方

1. 耐熱ボウルに**A**を入れてよく混ぜ、ラップフィルムをして電子レンジで4分加熱し、そのまま置く。
2. 鍋に水(100cc)、砂糖(分量外。大さじ1)、酢(分量外。大さじ2)を入れて沸かし、火を止めてそのまま置く。
3. 魚に塩をふり、5分置いたら小麦粉をまぶし、170℃の油でしっかりと揚げる。さらに、れんこんとしょうがを素揚げする。
4. 少し深めの器に**3**を入れ、熱いうちに**1**を加えて**2**を注ぎ入れ、味がなじむまで置く。

◎常温でも、冷蔵庫で冷やしてから食べても。冷蔵で2〜3日保存できる。

メインにもなる実力派

主菜を引き立てる名脇役のおかずですが、パスタやパンを合わせれば、手軽なランチやブランチとして満足できる味わいです。

小松菜とあさりのオリーブオイル炒め

鉄分が多いあさりと小松菜ほか、
全ての材料をフライパンに入れて火にかけるだけ。
ペンネを加えればランチのメインになります。

材料(2人分)
あさり(砂抜き済み) … 100g
小松菜 … 1/2束
玉ねぎ … 1/3個　※くし切り
にんにく(スライス) … 1/2かけ分
オリーブオイル … 大さじ1
昆布だしの素、または中華スープの素(顆粒) … 小さじ1/3
黒こしょう … 少々

作り方
1　フライパンにあさり、玉ねぎ、にんにくを入れ、オリーブオイルを回しかける。上に小松菜を広げるようにのせ、蓋をして強めの中火にかける。音がしてきたら、中火にする。
2　あさりが開いて小松菜に軽く火が通ったら火を止める。昆布だしの素をかけて軽く混ぜ、黒こしょうをふり、皿に盛り付ける。

Side dish | 副菜

キャベツとしらすのキッシュ

甘みの増した春キャベツとしらす、チーズという
取り合わせが絶妙な味わいです。
キッシュ生地を少なめにしているので
カロリーが気になる日にも。

材料（直径14cmの耐熱皿1台分）
しらす … 30g
A
- キャベツ … 160g　※太めの千切り
- 玉ねぎ … 1/3個　※5mm厚さに切る
- バター … 小さじ1
- 塩、こしょう … 各少々

シュレッドチーズ … 24g
B
- 卵 … 1個
- 生クリーム（乳脂肪分47%）… 50cc
- 牛乳 … 50cc

クラッカー … 5枚　※ビニール袋に入れて細かく砕く

作り方
1 グラタン皿にバター（分量外。少々）を塗り、クラッカーを敷き詰める。
2 フライパンにAを入れ、蓋をして中火にかける。1〜2分加熱したら蓋を取って全体をかき混ぜ、再度、蓋をしてさらに1〜2分加熱する。
3 キャベツがしんなりし、かさが半分程度になったら火を止めて、**1**のグラタン皿に移して表面を平らにする。しらすとチーズをまんべんなく広げてのせる。
4 ボウルに**B**を入れて泡立て器でよく混ぜ、**3**に流し入れる。
5 180℃に予熱したオーブンで20分焼く。

◎耐熱皿を傾けて、生地が流れ出なければ焼き上がり。焼ける前に表面が焦げてきたらアルミニウムはくをかぶせ、160℃に下げて焼く。

ラタトゥイユ

温かくても冷たくてもおいしく、
グリルした肉や魚料理にもよく合います。
野菜たっぷりの常備菜として
作り置きするのもいいでしょう。

材料(作りやすい1回量)
〈トマトソース〉
A ┌ 玉ねぎ … 1個　※薄切り
　├ オリーブオイル … 大さじ2
　└ 塩 … 小さじ⅓
トマトダイスカット … 1パック(390g)
砂糖 … 大さじ2

B ┌ 玉ねぎ … 1個　※⅛のくし切り
　├ パプリカ … 1個　※玉ねぎと同じくらいの大きさに切る
　├ オリーブオイル … 大さじ1
　└ 塩 … 小さじ⅓
なす … 1袋(約4〜5本)　※皮を縞にむき1cmの輪切り
ズッキーニ … 1本　※皮を縞にむき1cmの輪切り
にんにく(スライス) … 1かけ分
C ┌ オリーブオイル … 大さじ5
　└ 塩 … 小さじ½
黒オリーブ … 1缶　※水気を切る

作り方
1 〈トマトソース〉を作る。フライパンにAを入れ、蓋をして弱火にかけて蒸らし炒めにする。柔らかくなったらトマトと砂糖を加え、一度沸かして火をとめる。
2 耐熱素材のボウルにBを入れ、ラップフィルムをして電子レンジで6分加熱する。
3 フライパンになすとズッキーニを並べ、Cをかけて蓋をして両面を焼く。途中でにんにくを加える。
4 3に1と2、黒オリーブを加え軽く混ぜてから、蓋をしてさらに弱めの中火で5分ほど煮る。

あと1品 欲しいときに

サイドメニューも栄養を逃さずに作りましょう。
炊飯器や電子レンジを賢く使うと
手軽にいくつものおかずが作れてしまいます。

炊飯器で簡単！切り干し大根の煮物

切り干し大根の煮物を炊飯器で作る方法です。一度、試してみてください！

材料(作りやすい1回量)
切り干し大根 … 1袋(約40g)
　※ぬるま湯で戻す
ちくわ … 1本　※5mm厚さの輪切り
つきこんにゃく … ½パック
エリンギ … 100g　※縦1/4に切る
えのきだけ … 100g　※3cm長さに切る
にんじん … ½本　※細切り
油揚げ … 1枚　※細切り
里芋 … 大2個(約180g)
　※皮をむきひと口大に切る
A［和風だしの素(顆粒) … 小さじ3
　　砂糖 … 小さじ2

作り方
1 水(400cc)にAを溶かす。
2 切り干し大根の水気を軽く切り、炊飯器の内釜に入れる。上にほかの材料をのせて(最後に油揚げをのせる)、1を注ぐ。
3 炊飯器に内釜をセットし、炊き込みご飯モードで炊く。
　◎里芋は入れなくてもよい。

鯛の博多押し

鯛の刺身と酢昆布を
ミルフィーユのように重ねるだけ。
冷蔵庫で一晩寝かせ、
翌日から数日が食べごろです。

材料(2人分)
鯛(さく)… 1本(120g)
　※5mm厚さに切る。刺身でもよい
酢昆布 … ½パック
塩 … 1g

作り方
1 鯛をバットに並べ、上から塩をふる。
2 保存容器に鯛→酢昆布の順に、層になるように重ねていく。
3 蓋をして冷蔵庫に入れて一晩置く。

長芋とえのきのとろろ

長芋はすりおろさずに
千切りするのが
食感がよくおすすめです。

材料(2人分)
えのきだけ … 250g
　※石づきを取り半分の長さに切る
長芋 … 250g
和風だしの素(顆粒) … 小さじ2

作り方
1 鍋に水(200cc)と和風だしを入れて火にかけて沸かす。えのきだけを入れて1分煮たらボウルに取り、冷ます。
2 スライサーで長芋を千切りにし、1に加え、軽く混ぜる。器に盛り付け、好みでしょうゆをかける。

Side dish｜副菜

もずくとひき肉の卵焼き

材料をすべてボウルで混ぜて焼くだけ。
生もずくがたっぷり入っています。
冷めてもおいしいので常備菜にも最適です。

材料(2人分)

A
- 豚鶏の合いびき肉
  (または、豚ひき肉) … 100g
- しょうが(すりおろし) … 小さじ1
- にんにく(すりおろし) … 少々
- オイスターソース … 小さじ1
- 中華スープの素(顆粒) … 小さじ1/3
- 片栗粉 … 小さじ1

生もずく … 130g
卵 … 2個
玉ねぎ … 1/2個　※みじん切り

作り方

1 ボウルにAを入れてよく混ぜる。残りの材料をすべて入れ、さらによく混ぜる。

2 サラダ油を引いたフライパンに1を流し入れ、蓋をして弱めの中火で7～8分焼き、裏返して蓋をして、さらに3～4分焼く。または、耐熱皿に流し入れ、180℃に予熱したオーブンで15分ほど焼く。

Side dish | 副菜

キャロットラペ

フランスの定番お惣菜。病院レストランでも大人気の常備菜です。

材料(作りやすい1回量)
にんじん … 3本(500g)
A ┌ 砂糖 … 小さじ2(5g)
　└ 塩 … 小さじ½(3g)
B ┌ 穀物酢 … 大さじ1½(23g)
　│ レモン汁 … 大さじ1(16g)
　│ オリーブオイル … 大さじ1½(22cc)
　└ 水 … 大さじ2と小さじ1(35cc)

作り方
1 にんじんの皮をむき、スライサーで千切りにする。
2 ボウルに1を入れてAをふりかけ、水分が出るまで手でよくもんで10分置く。
3 2にBを加えてよく混ぜて保存容器に入れ、上から押して空気を抜く。蓋をして冷蔵庫で保存する。
◎常ににんじんが水分に浸かっているようにする。

さつまいものレモン煮

さつまいもを電子レンジで加熱して
レモンシロップに浸すだけ。
レモンの酸で皮が赤くきれいに発色します。

材料(3人分)
さつまいも … 230g　※1cm厚さの輪切り
オリーブオイル … 小さじ1
塩 … 小さじ¼
〈シロップ〉
A ┌ 砂糖 … 40g
　│ クチナシの実 … ½個　※たたいてくずす
　│ レモン(輪切り) … 3～4枚
　│ 酢 … 大さじ½
　└ 水 … 100cc

作り方
1 耐熱容器にさつまいもを並べ、塩とオリーブオイルをふりかけてラップフィルムをし、電子レンジで10分加熱する。※ホクホクするまでしっかりと加熱する。
2 鍋にAを沸かし、1に注ぎ入れる。
3 ラップフィルムをして、再度、電子レンジで2分加熱する。そのまま、粗熱が取れるまで置く。
◎冷める間にさつまいもがシロップを吸い込んでいく。冷蔵庫で保存。

長生きの源

信州ふーど
④

気候に恵まれ、食肉の味のよさも長野県の魅力です。清らかな水で育つ川魚のおいしさは格別、毎日の食生活に上手に取り入れましょう。

農産だけでなく
畜産にも優れる
肉

県内各地では畜産も盛んです。旨みと栄養に優れた豚や、歯ごたえと滋味、風味のバランスが絶妙な「信州王豪シャモ」などの地鶏、育った環境や香りと旨みを重視した「信州プレミアム牛肉」も注目されています。

山と森が育む
栄養豊富な川の恵み
魚

長野は清流で育つ川魚「やまめ」「いわな」「にじます」などの宝庫です。「にじます」とブラウントラウトを交配した、長野県の新品種「信州サーモン」も信州ならではの魚として注目されています。

Chapter 3

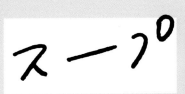

Soup

あさりのチャウダー

まず野菜を蒸らし炒めにして、
味を引き出すのが大きなポイントです。
電子レンジ加熱でとても簡単に
仕込む方法をご紹介します。

材料(2人分)

A
- 玉ねぎ … ½個　※7mm角に切る
- にんじん … ¼本　※7mm厚さに切る
- セロリ … ¼本　※3mm厚さの小口切り
- じゃがいも … 大1個　※1〜1.5cm角に切る
- オリーブオイル … 小さじ2
- 塩 … 小さじ¼

牛乳 … 300cc
無塩バター … 大さじ2½
小麦粉 … 大さじ4

B
- あさり … 160g
- 鶏ささみ肉(または、むね肉) … 80g　※ひと口大に切る
- 鶏がらスープの素(顆粒) … 小さじ1

パセリ … 少々　※みじん切り

作り方

1. 耐熱ボウルにAの材料を入れ、よく混ぜてからラップフィルムをかけて、電子レンジで約12分、じゃがいもに火が通るまで加熱する。電子レンジから取り出し、ラップフィルムをかけたまま置いておく。
2. 牛乳を沸騰直前まで温める。
3. 鍋にバターを入れて弱火にかけ、溶けたら小麦粉を加えて木べらでよく混ぜる。2の牛乳の半量を加え、泡立て器でよく混ぜかたくなってくるまで加熱する。残りの牛乳をすべて加え、なめらかになるまでさらに混ぜる。
4. 深鍋にBと1、水(150cc)を入れて中火にかける。沸いたらアクをすくい、3を加えて温める。
5. 仕上げにパセリをちらす。

Soup | スープ

秋鮭と豚ひき肉のきのこワンタン

豚ひき肉と鮭をミックスして作る変わりワンタン。
きのこをいろいろ入れると味わい豊かに。
鍋ひとつあれば作れるすぐれもの。

材料(2人分。ワンタン16個分)

A
- 豚ひき肉 … 80g
- 鮭(切り身) … 1枚(正味50g) ※皮を取りほぐす
- 溶き卵 … 1/2個分
- ねぎ(みじん切り) … 1/6本分
- しょうが(すりおろし) … 小さじ1/2
- オイスターソース … 小さじ1
- 片栗粉 … 小さじ2

ワンタンの皮 … 16枚
きのこ(しいたけ、しめじ、なめたけ、まいたけなど) … 合わせて100g
　※大きいものはひと口大に切る
青菜(ほうれんそう、小松菜など) … 1/4束
　※半分の長さに切る
鶏がらスープの素(顆粒) … 小さじ3
ごま油 … 少々

作り方

1 ボウルにAを入れ、よく練る。
2 ワンタンの皮に1を大さじ1(約10g)ほどのせ、端に水を付けて半分に折り、指で押さえる。
3 鍋に水(800cc)と鶏がらスープの素を入れて沸かす。きのこと青菜を入れてゆで、一旦、取り出す。
4 3のスープでワンタンをゆで、きのこと青菜を戻す。仕上げに、ごま油を回しかける。

Soup | スープ

鶏肉のフォー

鶏肉はスープの中で火を通し、旨みを逃さず調理します。
さらにそのスープでフォーをゆでるので無駄もなし。たっぷりのもやしと
香味野菜を盛り付け、レモンを搾ると香りが広がり食欲を刺激します。

材料(2人分)

鶏ささみ肉 … 4本
フォー … 120g
　※たっぷりの水に2時間ほどつけて戻す
もやし … 1袋(200g)
　※袋のまま電子レンジで3分加熱
玉ねぎ(スライス) … ¼個分

A
- 水 … 800cc
- 鶏がらスープの素(顆粒) … 小さじ4
- しょうが(すりおろし) … 大さじ½
- にんにく(すりおろし) … 小さじ¼
- 砂糖 … 小さじ½

(トッピング)
水菜、パクチー、フライドオニオン、
ミント、大葉など … 好みの量
レモン … ½個

作り方

1 鍋にAを入れ、火にかけて沸かす。洗った鶏肉を加え、再び沸いたら、蓋をして火を止める。5分置いたら、再び沸かし、鶏肉を取り出す。
2 1の鶏肉を手でほぐす。
3 1のスープを沸かしてアクをとり、フォーを入れて10秒ゆでたら、すぐに取り出して器に盛る。鶏肉、玉ねぎ、もやしを上にのせ、さらにトッピングをたっぷりとのせてスープを注ぐ。レモンを添える。

◎フォーの代わりに春雨を使ってもおいしい。

How to cook

シェフのひらめきメニューはここから生まれる

図解レシピ

山田シェフが料理を考えるとき、頭の中はどうなっている？
答えは作業を図解する、一目瞭然の手法でした。

文章で作り方を解説するより早い！？

写真の「ブラウニー」は、チョコレートとバターをベースにして、残りの材料を次々と加えていけば生地が仕上がる、という手順がひと目でわかります。ほかにも、「野菜をゆでてゆで汁はそのまま置いておき、後で使う」など、イラストと矢印でメモしていたり。視認性の高い図解レシピは絵本のような楽しさが詰まっています。

Chapter 4

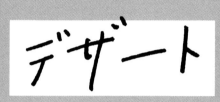

Dessert

Dessert｜デザート

さつまいものロールケーキ

焼き芋を切ってホイップクリームと和えてロールケーキに。
じっくりと火を通したさつまいもの自然な甘さと味わいが
幅広い世代に人気です。
ロール生地は思いのほか簡単に作れます。

材料(1本分)

- A
  - 卵黄 … 2個分
  - 砂糖 … 10g
- B
  - 卵白 … 2個分
  - 砂糖 … 30g
- C
  - ココアパウダー … 6g
  - 片栗粉 … 20g ※合わせて粉ふるいでふるう
- 焼き芋 … 皮を取って180g ※1cmの角切り
- 無塩バター … 10g
  - ※小さな器に入れ、湯せんで溶かす
- D
  - 生クリーム(乳脂肪分47%) … 100cc
  - 砂糖 … 20g
- (あれば)ラム酒 … 小さじ1
- (飾り用)ココアパウダー … 適宜

作り方

1 〈ロール生地〉を作る。オーブンを200℃に予熱する。オーブン用ペーパーで20×25cmの型を作り天板にのせる。

2 ボウルにAを入れ、砂糖が溶けるまでよく混ぜる。

3 きれいなボウルにBの卵白を入れ、泡立て器でコシを切りながら泡立てる。全体が白くなり、泡が小さくなってきたらBの砂糖を半量加え、さらに泡立てる。砂糖がなじんだら、残りの砂糖を加え、柔らかな角が立つまで泡立てる。2を加え、軽く2～3回混ぜる。

4 溶かしたバターの器に3を大さじ2だけ加えてよく混ぜる。

5 3の残りにCを加え、泡立て器で大きく5回ほど混ぜる。泡立て器をゴムべらに替え、ボウルの底をこすって生地を返すようにしながら5回混ぜる。4を加え、均一になるまで5回ほど混ぜる。

6 1の型に5を流し入れ、表面をゴムベラで平らにする。200℃のオーブンで8分ほど表面が乾くまで焼く。

7 〈フィリング〉を作る。ボウルにDを入れ、氷水に当てながら泡立てる。角が立ったら、ラム酒を加え、角が倒れない硬さに泡立てる。焼き芋を加えゴムベラで混ぜる。

8 焼き上がったロール生地を裏返し、ペーパーをはがす。はがしたペーパーの上に生地をのせ、上に7を乗せる。巻き寿司の要領でペーパーごと巻いたら、冷蔵庫で20分冷やす。ペーパーを取って皿に盛り付け、仕上げにココアパウダーをふる。

Dessert | デザート

チョコレートブラウニー

特別なチョコレートを使わなくても本格的なお菓子が作れます。
材料を加えて混ぜていくだけの簡単ステップ。
ナッツとドライフルーツたっぷりで食感も楽しい。

材料(18×8×高さ6cmのパウンド型1台分)
ビターチョコレート … 1枚(約50g)
無塩バター … 50g
砂糖 … 50g
卵 … 1個　※室温に戻す
A ┃ 薄力粉 … 50g
　┃ ココアパウダー … 25g
　┃ ベーキングパウダー … 0.3g
　┃ 　(目安として小さじ約1/16)
　┗ ※合わせてふるう
むきくるみ、カシューナッツ、アーモンド
などのナッツ … 50g
プルーン、レーズン、クランベリーなどの
ドライフルーツ … 50g

作り方
1 乾いたボウルにチョコレート、無塩バターを入れ、湯せんにかけて溶かす。
2 1に全卵、砂糖を加え、木べらでよく混ぜる。さらに、Aを加えて混ぜ、粉っぽさがなくなったら、ナッツとドライフルーツを加えて混ぜる。
3 パウンド型(分量外の油を塗り、オーブン用ペーパーを敷いておく)に2を流し入れ、170℃に予熱したオーブンで35分焼く。竹串をさして何もついてこなければ焼き上がり。粗熱が取れたら、型から取り出して涼しいところで冷ます。

Dessert | デザート

焼きりんご

りんごの芯を抜き、パン粉とシナモンの詰め物をして焼き上げます。
温かくても冷やしても。
レストランのデザートにもなるほどの美味しさです。

材料(4人分)

りんご … 2個　※紅玉が望ましい
バター … 32g　※溶かしバターにする
砂糖 … 小さじ山盛り1×4
くるみ … 4個
レーズン … 16粒
レモン(うす切り) … 4枚

A ┌ 黒糖(粉末) … 大さじ3
　│ パン粉 … 大さじ8
　│ レモンの皮(すりおろし) … ½個分
　└ シナモンパウダー … 小さじ¼

〈キャラメルソース〉
生クリーム(乳脂肪分47%) … 大さじ2

B ┌ 砂糖 … 大さじ4
　└ 水 … 大さじ2

バニラアイスクリーム(市販品) … 適宜

作り方

1 りんごを横半分に切り、芯をくりぬいてオーブン用ペーパーを敷いた天板に並べ、切り口に砂糖をまぶす。焼き汁が流れ出ないように、ペーパーの四隅をひねる。

2 ボウルにAを入れよく混ぜる。りんごの穴にAを大さじ1ずつ詰め、その上にくるみとレーズンをのせる。残りのAも山盛りにのせ、上から溶かしバターをかける。

3 2の天板に水(大さじ4)を注ぎ、レモンを入れ、180℃に予熱したオーブンで1時間焼く。竹串がスッと入れば焼き上がり。※途中で水分がなくなったら水を少量足す。

4 〈キャラメルソース〉を作る。小さい鍋にBを入れ、中火にかけ、うす茶色になったら生クリームを加えて火を止め、よく混ぜる。※やけどに注意

5 りんごを皿に盛り、焼き汁をかける。アイスクリームを添えて上から4をかける。

すいかパンチ

ハイビスカスとレモンゼリーの酸味が
すいかと相性抜群。人が集まる機会には、
大きなすいかでぜひ挑戦してみてください。

材料(すいか1個分)
すいか(小玉) … 1個
〈ハイビスカスゼリー〉
ハイビスカスティー(ティーバッグ) … 4個
A [アガー … 10g
砂糖 … 50g]
〈レモンゼリー〉
レモン汁 … 大さじ2
レモンの皮 … 10cm
　※外皮の黄色いところのみピーラーで削る
B [アガー … 10g
砂糖 … 70g]

作り方
1 〈ハイビスカスゼリー〉を作る。鍋に水(300cc)を入れ火にかけて沸かす。ティーバッグを入れて弱火で2〜3分煮出し火を止める。5分置いてティーバッグを取り出し、Aを加えて泡立て器で混ぜてから再度沸かし、器に注いで冷ます。
2 〈レモンゼリー〉を作る。鍋に水(600cc)を入れ火にかけて沸かし、Bを加えて泡立て器で混ぜてから、再度沸かし火を止める。レモン汁とレモンの皮を加え、器に注いで冷ます。

〈盛り付け〉
1 すいかの上1/3をペティナイフでジグザグに切る。
2 すいかの中身をスプーンで取り出し器にする。※削って食べる分を残しておく。中身はひと口大に切る。
3 2の器にすいかとゼリーを盛り付ける。※すべては入りきらないので、余りは別の器に盛り付ける。

Dessert | デザート

ほうじ茶寒天

緩めに固めた寒天ゼリーは、
今までのイメージを覆すふるふるとした食感です。
口に入れたとたんに広がる味わいとのど越しのよさは格別。

材料(10個分)
ほうじ茶 … 800cc
A ┌ 粉寒天 … 3.2g
　│ ※1袋4gスティックの¾本分
　└ ※水(大さじ3)と混ぜる
B ┌ 粉寒天 … 0.8g
　│ ※1袋4gスティックの¼本分
　│ 粉末緑茶(または、抹茶) … 小さじ¼
　└ ※水(大さじ3)と混ぜる
粒あん … 150g　※10等分して丸める
〈黒みつ〉
黒砂糖(粉末) … 100g

作り方
1 鍋にほうじ茶を入れて火にかけて沸かす。Aを加えて再度沸かし、よく混ぜてから器に注ぐ。
2 粒あんを丸めたものを1の器に1個ずつ入れ、寒天が固まるまで置く。
3 湯(200cc)を沸かし、Bを加えて再度、沸かす。よく混ぜてから2の器に注ぐ。寒天が固まったら冷蔵庫に入れる。
4 〈黒みつ〉を作る。黒砂糖と水(50cc)を弱火で沸かして、冷ます。

◎冷えた寒天に〈黒みつ〉をかけて食べる。

電子レンジで作るフルーツジャム

電子レンジで作るので焦がす心配がなく、旬のフルーツがあればすぐに作れます。イチオシは国産レモンのマーマレード。

材料（作りやすい1回量）
○国産レモンのマーマレード
　国産レモン … 大2個
　砂糖 … 約240g
　　※作り方4で計量したのと同量
　ペクチン … 20g
○ブルーベリージャム
　ブルーベリー … 400g
　砂糖 … 160g
　ペクチン … 20g
○いちごジャム
　いちご … 1パック　※へたを取る
　砂糖 … 70g
　レモン汁 … 20cc
　ペクチン … 10g
○桃ジャム
　桃 … 種を取って500g(2個分)
　砂糖 … 150g
　レモン汁 … 20cc
　ペクチン … 20g
○あんずジャム
　あんず(生) … 種を取って540g
　砂糖 … 320g
　ペクチン … 30g

作り方
○国産レモンのマーマレード
1 レモンの両端を5mmほど切り落とし、おろし金で表皮全体を軽くすって、傷をつける。
2 耐熱ボウルに1のレモンを入れ、かぶるくらいに水を張り、ラップフィルムをして電子レンジで10分加熱する。5分休ませ、さらに7分加熱し、再び5分休ませる。
3 2のレモンを水に取り、粗熱が取れたら縦半分に切って、中身と汁をスプーンでボウルに取り出す。種は取り出し使わない。皮の部分をさらに縦半分に切り、できるだけ薄くスライスする。
4 3を計量し、同量の砂糖、ペクチンを耐熱ボウルに入れ、よく混ぜる。
5 ラップフィルムをして電子レンジで7分(沸くまで)加熱し、そのまま7分置く。中身をよく混ぜる。

○ブルーベリージャム
※いちご、桃、あんずのジャムも作り方は同様。
1 耐熱ボウルにすべての材料を入れ、ラップフィルムをして電子レンジで5分くらい加熱(中身が沸騰するまで)する。
2 取り出して5分置き、さらに、2分加熱する。

◎加熱時にあふれないようなるべく大きいボウルを使い、下に皿を敷くとよい。

Dessert | デザート

ジンジャークッキー（スペキュロス）

スパイシーな味わいの
クリスマスシーズンの
クッキーです。

材料（作りやすい1回量）

無塩バター … 150g　※2cm角に切る
黒砂糖(粉末) … 170g　※粗めの網でふるう
小麦粉 … 300g
ベーキングパウダー … 小さじ½
溶き卵 … 大さじ2
A ┌ シナモンパウダー … 大さじ⅔
　├ ジンジャーパウダー … 大さじ⅔
　├ ナツメグパウダー … 小さじ1
　└ カルダモンパウダー … 小さじ1

〈アイシング〉
卵白 … 10g
粉糖 … 50g

作り方
〈ジンジャークッキー〉

1 ボウルに小麦粉とベーキングパウダーを入れる。
2 耐熱ボウルにバターを入れ、1分加熱する。黒砂糖とAを加えスプーンでよく混ぜる。
3 1の中央を少しくぼませ、2を入れる。バターが手に付かないように粉の脇から指先を入れ、下から持ち上げながら指先を動かし、バターを小さな塊にほぐしていく。ぽろぽろした状態になったら溶き卵を加えてひと塊にする。
4 3をビニール袋に入れて麺棒で5mm厚さに伸ばし、冷蔵庫に入れて固める。
5 4を半分に切り、打ち粉をする。ビニール袋を切って開いたもので挟み、麺棒で倍の大きさに伸ばす。好みの型で抜き、オーブン用ペーパーを敷いた天板に並べる。
6 170℃に予熱したオーブンで12分焼く。オーブンから天板を取り出し、粗熱が取れるまでそのまま置く。冷めたらアイシングで模様を描き、乾燥させる。

〈アイシング〉

1 ボウルに卵白と粉糖を入れてよく混ぜる。ビニール袋に入れ、端を少し切り、細く絞り出しながら模様を描く。

ホットワイン

りんごや柑橘類を
たっぷり使った
大人の味わい。
暖かい部屋で熱々を。
冷たくしても美味です。

材料（2～3人分）

赤ワイン … ½本
りんご … ½個　※5mm厚さにスライス
いちご … 6粒
オレンジ … ½個　※5mm厚さのいちょう切り
砂糖 … 60g　※好みで増減を

作り方

1 鍋にすべての材料を入れて沸かす。弱火にして3分加熱し、アルコールを少し蒸発させる。

丸子中央病院の とりくみ

Initiatives at
Maruko Central
Hospital

——シェフと二人三脚で地域のしあわせ創り

　丸子中央病院の前身である丸山医院が丸子町に開業し、2019年で60年。現在の上田市中丸子に移転した2013年8月、病院の名称を「丸子中央病院」とし、開業当時の原点に立ち返り、地域に根ざした病院を目標に再スタートさせました。

　「地域のしあわせ創りに貢献する」という同院の想いに共感し、病院専属シェフとして勤務しているのが、山田康司さんです。最上階の9階にある『ヴァイスホルン』は誰でも利用でき、食材本来の味を生かしたランチが味わえると人気です。同じフロアには人間ドック受診者専用ラウンジもあり、健診後に山田シェフによるバラ

ンスのいい食事が味わえるとこちらも評判です。さらに、入院患者のために、月に1度「スペシャルディナーの日」を設け、山田シェフによるディナーを提供。一般的な病院食のイメージを覆すメニューで入院患者の楽しみとなり、大きな励みとなっています。

　2015年4月からは、長野県内のスーパーマーケット「ツルヤ」とタッグを組み、栄養のバランスを考えた、体に優しくおいしい「いきいきレシピ」を、山田シェフが毎月考案しています。その活動は

「健康寿命をのばそう！アワード〈生活習慣病予防分野〉」で、厚生労働大臣賞・団体部門・優秀賞を受賞しました。

　さらに、市民公開講座では地域の方たちに医療情報を提供し、地域のコミュニティの1つとなるために医療以外のテーマの講演会や、音楽家を招いてのロビーコンサート、夏の恒例・花火大会も開催しています。「地域に開かれた病院」「病がなくても行きたい病院」が地域の人々の暮らしを支え、ときに彩りを加える——自然の恵み同様、新しい「病院」の姿もまた、健やかに過ごせるこの土地の大きな魅力となっているのです。

山田康司　Koji Yamada

丸子中央病院レストラン『ヴァイスホルン』シェフ。長野県松本市生まれ。20歳の時に『クイーン・アリス』(東京)の石鍋裕氏と出会い、東京大学を中退して料理の道を志す。フランスでの経験などを経て『クイーン・アリス』(東京)ほか系列店の料理長を歴任。2013年より現職。1992年に天皇陛下(当時、皇太子殿下)が北アルプス・常念岳に御登山の際、父親が営む常念小屋で食事を担当した実績もある。

レストラン『ヴァイスホルン』
電話　　0268-42-1111(代表)
住所　　長野県上田市中丸子1771-1　丸子中央病院 9階
営業時間　ランチ11:00〜14:00、カフェ14:00〜16:00
　　　　　休業日　土曜、日曜、祝日

日本一おいしい病院レストランの野菜たっぷり 長生きレシピ

2019年11月12日　初版第1刷発行
2020年 3月14日　　　　第3刷発行

著　者　　山田康司
発行人　　水野麻紀子
編集人　　安田典人
発行所　　株式会社 小学館
　　　　　〒101-8001　東京都千代田区一ツ橋2-3-1
　　　　　電話　編集：03-3230-5930
　　　　　　　　販売：03-5281-3555
印刷所　　凸版印刷株式会社
製本所　　株式会社若林製本工場

©Koji Yamada 2019 Printed in Japan
ISBN978-4-09-310634-4

撮　影　　泉健太
スタイリング　廣松真理子
構　成　　はまだふくこ
デザイン　APRON(植草可純、前田歩来)
写真提供　長野県農業試験場育種部(P.58もち麦畑)
　　　　　ヨシダトモユキ(P.94-95)
協　力　　平田晴美(丸子中央病院 管理栄養士)
　　　　　安藤あすか(丸子中央病院 広報)
　　　　　佐藤靖彦
校　正　　池上野陽人

制　作　　松田雄一郎、星一枝
販　売　　中山智子
宣　伝　　細川達司
編　集　　小林範子

■造本には十分注意しておりますが、印刷、製本など製造上の不備がございましたら「制作局コールセンター」(フリーダイヤル0120-336-340)にご連絡ください。(電話受付は、土・日・祝休日を除く 9:30〜17:30)
■本書の無断での複写(コピー)、上演、放送等の二次利用、翻案等は、著作権法上の例外を除き禁じられています。本書の電子データ化などの無断複製は著作権法上の例外を除き禁じられています。代行業者等の第三者による本書の電子的複製も認められておりません。